Johann Georg Enners; Ernst Meyfeld
Hannoversches Kochbuch.
Regionale Rezepte aus dem 18. Jahrhundert

AF125434

SEVERUS Verlag

Enners, Johann Georg, Meyfeld, Ernst: Hannoversches Kochbuch. Regionale Rezepte aus dem 18. Jahrhundert. 2020
Neuauflage der Ausgabe von 1792
ISBN: 978-3-96345-188-1

Korrektorat: Tamara Boerner, Weronika Alicja Frajkur
Satz: Sarah Schwerdtfeger

Umschlaggestaltung: Annelie Lamers, SEVERUS Verlag
Umschlagmotiv: www.pixabay.com

Bibliografische Information der Deutschen Nationalbibliothek: Die Deutsche Nationalbibliothek verzeichnet diese Publikation in der Deutschen Nationalbibliografie; detaillierte bibliografische Daten sind im Internet über https://dnb.de abrufbar.

Der SEVERUS Verlag ist ein Imprint der Bedey & Thoms Media GmbH, Hermannstal 119k, 22119 Hamburg

SEVERUS Verlag, 2020
http://www.severus-verlag.de
Gedruckt in Deutschland

Johann Georg Enners; Ernst Meyfeld

Hannoversches Kochbuch
Regionale Rezepte aus dem 18. Jahrhundert

Editorische Notiz:
Der Text der vorliegenden Edition beruht auf der Ausgabe:
Johann Georg Enners; Ernst Meyfeld: Hannoverisches Kochbuch, Verlag von den Gebrü-
dern Hahn, Hannover, 1792. Die Orthographie wurde behutsam modernisiert, grammati-
kalische Eigenheiten bleiben gewahrt. Die Interpunktion folgt der Druckvorlage. Der In-
halt ist im historischen Kontext zu lesen.

Bilder entnommen aus: Rottenhöfer, Johann; Friedrich Zanders: Illustriertes Kochbuch.
Mit Abbildungen in Holzschnitt nach Zeichnungen von K. Doepler und F. Quidemus. Mün-
chen 1904.

Vorwort

Lassen Sie sich von diesem Kochbuch auf eine kulinarische Reise ins 18. Jahrhundert mitnehmen! Rund 700 Rezepte stellen ein breites Repertoire zur Verfügung – von der Vorspeise bis zum Nachtisch ist alles dabei. Hier können sich Feinschmecker und Kochbegeisterte, Kochprofis und auch Anfänger ausprobieren. Daneben bietet schon die Zubereitung der Speisen ein einzigartiges Erlebnis, denn es wird nicht nur wie im 18. Jahrhundert gegessen, sondern auch gekocht und angerichtet.

Erschaffen wurde das Ganze von zwei Autoren. Einer von beiden, Johann Georg Enners, war selbst ein professioneller Koch. Er besaß ein erfolgreiches Lokal in Osnabrück und hatte ein einzigartiges Gespür dafür, was die Leute gerne konsumierten. Diese Perspektive eines Gastronomen lässt sich durchweg spüren. So findet man zwischendurch immer mal wieder Tipps, wie Speisen auf der Tafel darzubieten sind oder wie Gerichte am besten serviert werden sollten. Zudem gibt der erste Teil Empfehlungen wie für die Wahl von Gefäßen sowie allgemeine Anleitungen, zum Beispiel wie man Federvieh blanchiert oder eine Farce zubereitet. Diese Anmerkungen der Autoren heben dieses Werk von reinen Rezeptkochbüchern ab.

Der erste Band betrachtet zunächst die herzhafte Kost und der zweite beschäftigt sich mit allerlei Mehlspeisen, Kompotten und Würsten. Die Rezepte spiegeln dabei die Kultur der damaligen Zeit wider, weswegen es nicht überrascht, dass sie relativ fleischlastig ausgelegt sind. Dazu werden diverse Verarbeitungsarten aufgelistet, von Ragout, Würsten bis hin zum Tier im Ganzen. Heutzutage mag es auf manche befremdlich wirken, wenn darüber geschrieben wird, wie ein Schweinskopf gekocht wird (Seite 48; 64) oder wie ein ganzer Hase zuzubereiten ist (Seite 111). Doch sollte man keine Scheu haben, sich am Ungewöhnlichen zu versuchen. Nun darf die wichtigste Komponente aller Rezepte nicht vergessen werden: die Butter! Diese wird neben dem Fleisch oder Fisch zum Hauptgeschmacksträger und gibt ein herrliches Aroma – schon beim Zubereiten! Aber auch Gewürze wie Muskat und Zimt sind hier nicht wegzudenken. Zusätzlich sind für jeden Geschmack Torten und Butterkuchen in allen Variationen und Kombinationen vertreten. Insgesamt ist die Küche Hannovers sehr herzhaft und deftig, was sich bis in die Gegenwart gehalten hat. Noch

1

heute stehen Gerichte wie Zungenragout, Welfenspeise oder Gersterbrot auf den Speisekarten.

Das Buch wurde 1792 geschrieben. Zu diesem Zeitpunkt bestand ein Bündnis zwischen Hannover und Großbritannien; die sog. Personalunion, die von 1714 bis 1837 existierte. Diese hatte die Besonderheit, dass der König von Hannover auch gleichzeitig der König von Großbritannien war. Da nach dem Act of Settlement immer der nächste protestantische Verwandte den Thron erbte, fiel er 1714 dem Kurfürsten von Brandenburg-Lüneburg, Georg Ludwig, zu. Dank dieses Bündnisses wurde das Kurfürstentum nicht nur zum mächtigsten im Römischen Reich, es kamen auch allerhand englische Einflüsse nach Hannover und infolgedessen in die regionale Küche. Das zeigt sich in gleicher Weise in den hier vorgestellten Rezepten.

Uns als Verlag liegt es am Herzen, alte Küchenweisheiten und Rezepte nicht in Vergessenheit geraten zu lassen und daher haben wir uns entschieden, diesem Kochbuch erneut Aufmerksamkeit zu schenken. Die hier gesammelten, ursprünglich nur mündlich weitergegebenen Rezepte sind geprägt von regionalen Ausdrücken, heutzutage etwas altertümlich wirkenden Gerätschaften und besitzen gerade deswegen ihren ganz eigenen Charme. Trotz der Tatsache, dass beispielsweise im 18. Jahrhundert noch offenes Feuer zum Kochen benutzt wurde, sollten sich die Anweisungen gut auf die heutige Technik übertragen lassen. Zum Verständnis der damals verwendeten Maßeinheiten, folgt eine Umrechnungstabelle, die das Nachkochen vereinfachen soll:

1 Pfund	453,5 Gramm
1 Maß	1,069 Liter
1 Zimmer	40–60 Stück
1 Orth	0,23 Liter
1 Lot	15,3 Gramm

Wir wünschen viel Spaß beim Nachkochen und Guten Appetit!

Tamara Boerner
SEVERUS Verlag

Inhalt

Vorrede

Wir mögen die Küche entweder als eine Offizin ansehen, aus welcher die ersten sinnlichen Bedürfnisse des Menschen befriedigt werden; oder aus welcher ein großer Teil der sinnlichen Freude besorgt wird; oder in welcher ein ansehnliches Stück der häuslichen Ökonomie betrieben werden muss; so verdient sie doch in jeder Absicht unsere Fürsorge. Der Grund davon liegt in ihrer zweckmäßigen, unschädlichen und sparsamen Einrichtung, mit welcher sie bestellt werden muss, wenn sie gut sein soll.

Wären die Menschen freilich bei ihren ersten Bedürfnissen der Nahrung geblieben; so könnten sie uns und unsere Zukunft und unsere Anweisung entbehren. Die Kunst, zu kochen, würde alsdann in ihrem ganzen Umfange eine Sache sein, die jeder Mensch in sehr weniger Zeit erfahren, lernen und ausüben könnte. Da aber die Menschen ihre Bedürfnisse dieser Art so sehr erweiterten und vervielfältigten, dass daher die Küche einen so großen Artikel der Haushaltung begriffe; so wurde ihnen unsere Kunst und Anweisung wichtiger und notwendig.

Jede Kunst hat schlechtere und bessere Lehrer gehabt. So hatte sie auch die Kunst, zu kochen. Die schlechteren waren die, welche oft, bei einer großen Armut von Gerichten, dennoch viel Geld zu verschwenden lehrten, und die aus Unwissenheit und aus Mangel der Erfahrung, entweder mit ihren Gefäßen oder mit den Ingredienzien zur Speise den Menschen da vergifteten, wo sie ihn durch Wohlgeschmack erfreuen wollten. Die besseren hingegen waren die, die bei einer guten Menge ihrer Gerichte zwar sehr für die Lust des Wohlgeschmackes sorgten, aber doch alles das entfernten, was dem Menschen an seiner Gesundheit geradezu, und ihrem Beutel auf eine unnötige Weise, schadhaft wurde.

Die Sorge der Unschädlichkeit für die menschliche Gesundheit und die Sorge für Sparsamkeit oder gegen allen unnützen Aufwand, sind zwei Stücke, die kein guter Koch übersehen darf. Das sind nun auch gerade die beiden Stücke, in deren Absicht wir dieses unser gegenwärtiges Kochbuch besonders empfehlen können, und welches wir hiermit dem Publiko mit Freuden überreichen. Wir überlassen es Ihm selbst, zu entscheiden, wie weit diese geschehene Empfehlung unsers Kochbuches gegründet oder falsch sei.

Und nun noch etwas von seinem Gehalt und von seiner inneren Einrichtung. Es enthält alles das, was von einem Koch, auf eine größere oder kleinere Tafel, kann gegeben werden. Wir haben dem, der Gebrauch von uns machen will, mehr als sieben hundert Vorschriften gegeben, wie er die besten und wohlschmeckendsten Speisen einrichten und vollends bereiten könne. Er findet darinnen Anweisung zum Kochen, zum Backen, zum Einsetzen, Kompotts und Gefrornes zu machen, Würste zu füllen, eine Tafel einzurichten, und dergleichen. Um allen unnützen Aufwand des Geldes und der Zeit für unsere Leser zu ersparen, haben wir uns mit Fleiß der möglichsten Kürze in unsern Vorschriften bedient. Bei dieser Kürze aber suchten wir dennoch für jeden deutlich und verständlich zu werden. Derjenige also, der unsern Wert, in der Vergleichung mit andern, bloß aus der Bogenzahl messen wollte, der würde uns Unrecht tun. Der beliebte Loofft ist vielleicht an Blättern reicher als wir, aber er ist an wirklich verschiedenen und neuen Anweisungen ärmer. Nur unnütze Worte im Unterricht, und die öftern Wiederholungen derselben Zubereitungen verschiedener Dinge, haben ihm seine Korpulenz gegeben. Dinge, die auf dieselbe Art gekocht, gebraten, gebacken oder eingesetzt werden können, haben bei uns eine Regel. Zu dem einen wird die Anweisung kurz und deutlich gegeben, die anderen werden unten, als in einer Art von Anmerkung darauf verwiesen. Andere geben jedem besonders seine Regel, und sie unterscheiden sich bloß durch Worte oder Folge, oder unnötige Zusätze, das heißt, durch nichts. Hätten wir ein gleiches tun wollen; so hätte es uns leichtfallen sollen, unsere Vorgänger darinnen zu übertreffen. Indessen hätten wir auch ohnedem unsern Unterricht noch um einen ansehnlichen Teil erweitern können, wenn wir es uns hätten können glaublich machen, dass jemandem damit gedienet wäre. Wir haben es aus doppelter Ursache unterlassen: Einmal, weil wir die Anzahl unsrer Speisarten für hinlänglich hielten, jede Tafel zu besetzen: hernach aber, weil jeder, der nach unsrer Anweisung zu kochen versteht, nicht nur die angegebenen Speisarten, sondern nach diesen viele andere wird bereiten können. Damit wird sich jeder befriedigen.

Unter der innern Einrichtung versteht man hier nichts als die getroffene Folge der Speisarten, oder die Ordnung, in welcher die verschiedenen Speisarten aufeinander folgen. Es ist, in Dingen dieser Art, schwerer, eine gute Ordnung zu treffen, als mancher glaubt. Die hergebrachte und nun ordentlich verjährte Folge, in welcher unsere aufgetragenen Gerichte verzehret werden, ist noch das Einzige, woran man sich halten kann, um seinem Unterrichte, zu kochen, wenigstens doch den Anschein der Ordnung zu geben. Das ist es, woran wir uns ganz alleine haben halten müssen, weil wir nichts fanden, was uns natürlichere Gesetze der Folge oder der Ordnung hätte geben können. Wir haben das Ganze in zwei Teile geteilt. Der erste Teil begreift alles, was insbesondere die Küche angeht; der andere die Bäckerei, Mehlspeise, Konfitüren, eingesetzte und gefrorne Sachen und überhaupt alles, was als Dessert zur Tafel gegeben wird. Das, was gewisse vorläufige Einrichtung und Vorbereitung in der Küche und bei der Bäckerei ausmacht, und was bei mehreren Speisen anwendbar ist, das haben wir gleich anfänglich unter dem Titel: Einleitung zum Kochen: im ersten Stücke vorausgeschickt. Auch das musste geschehen, wenn nicht dasselbige so oft sollte gesagt werden, und wenn doch alles Vollständigkeit erhalten sollte. Zum Behuf derer endlich, denen es an Erfahrung fehlt, in welcher Ordnung eine Tafel müsse besetzt werden, und die es oft selbst nicht wissen, welches Gerichte früher oder später umzugeben sei; ob die Pastete vor oder nach den Fischen, die Fische vor oder nach dem Braten müssen gegeben werden; denen werden wir darüber noch besondern Unterricht geben, wenigstens im Kleinen. Es gibt noch eine gewisse Verlegenheit, in welcher mancher geraten muss, weil der Vorfall seltner und nicht so bekannt ist. Sie liegt in der Besetzung einer Tafel zum Dejeuner. Die meisten wissen es, was man eigentlich zum Diner oder zum Souper gebrauchen und aufsetzen müsse, aber nicht alles, was zum Dejeuner gehöre. Auch dieses gedenken wir noch mitzunehmen. Der Unterricht darüber, und über Besetzung der Tafel, und über die Folge, in welcher die Gerichte umgegeben werden, wird nun mit einigen ausgedruckten Tafeln in einer Art von Anhang den Schluss des andern Teils ausmachen. Jedem Teile folgt, zur erleichterten Bequemlichkeit des Nachschlagens, sein eigenes Register. Soviel genug von dem Gehalte und der innern Einrichtung des Buches.

Wir sind mit guter Meinung gekommen, und wünschen, dass wir mit derselben guten Meinung mögen aufgenommen werden.

Die Verfasser.

7

Erster Band

der

Kunst zu Kochen

Erstes Stück

Einleitungsregeln zum Kochen

1. Empfehlung der Reinlichkeit. Das, was jedem Koche und jeder Köchin zuerst verdient, empfohlen zu werden, ist die Reinlichkeit. Es ist das Erste, wodurch die sich, und ihre Kunst, und ihre Speisen empfehlen. Ein Gericht, was unsern Gaumen an sich weniger reizt, wird uns darum schon, vor einem andern, wohlschmeckender, weil es aus saubern und reinlichen Händen kommt. Umgekehrt verliert oft die beste Kunst, und das reizbarste Gericht, den Wohlgeschmack und erweckt Ekel. Darum, wer kocht, der sorge für die beste Reinlichkeit seiner Speisingredienzien selbst, seiner Gerätschaft, seiner Gefäße, und ebenso sehr für die Reinlichkeit seines eigenen Leibes und seiner Kleider. Man schließt mit Recht von dem einen auf das andere, und Reinlichkeit verschafft dem Koche die erste Empfehlung.

2. Etwas über die Gefäße. Die Gefäße, worinnen wir unsere Speise einrühren, schlagen, kochen, braten, backen und auch wohl aufbewahren, sind für unsere Zunge, und besonders für unsere Gesundheit, bei Weitem nicht von gleicher Güte. Sie können der menschlichen Gesundheit sehr schädlich werden, und daher hat man sich ihretwegen sehr vorzusehen. Geschirre von Kupfer und Messing sind gefährlicher als die von Zinn, die zinnerne nicht so gut als die von Eisen, und irdene, steinerne, gläserne und Porzellan-Gefäße sind besser als alle. Im Zinn und Eisen kann man kochen, aber nichts darinnen verwahren oder nur über Nacht aufheben, am wenigsten das, was Säure hat. Im Kupfer aber oder im Messing zu kochen ist so gefährlich, dass es dem tödlich werden kann, der davon isst. Wo man also die kupfernen und messingenen Geräte nicht ganz entbehren kann, da muss man wenigstens dafür sorgen, dass sie inwendig beständig in guter Verzinnung erhalten werden. Gefäße aber von Ton oder Erde, von Stein, von Glas und Porzellan sind die besten, und müssen da wenigstens ganz allein gebraucht werden, wenn etwas soll eingesetzt, oder sonst auch nur auf einige Tage verwahrt werden. Den meisten sagen wir hier freilich alte

Wahrheit, aber für gewisse Klassen von Menschen kann es doch neue sein, und wichtig ist es für jeden. Die kupfernen und messingerne Geschirre, wenn sie verzinnt sind, werden mit büchner Holzasche ausgekocht. Dasselbige muss bei öfterm Gebrauch, wenigstens alle vier Wochen, wiederholt werden. Das reiniget die Gefäße, und weist es in den schwarzen Flecken aus, ob die Verzinnung noch im guten Stande sei oder nicht.

3. Federvieh auszuputzen und zu dressieren. Alles Federvieh, welches zum Kochen gebraucht werden soll, wird erst in heißem Wasser abgebrannt. Darauf nimmt man es heraus, wäscht es sauber, legt es auf ein rein Tuch, trocknet es damit ab, und sucht die Kiele recht reine ab. Alsdann treibt man die Brust ein, zieht die Keulen mit der Haut auf der Brust an, zieht einen Bindfaden mit einer großen Nadel durch das erste Gelenk, und durch das Knie, und bindet den Faden auf dem Rücken zusammen.

4. Federvieh zu blanchieren. Wenn das Federvieh, nach obiger Art, zum Kochen soll gebraucht werden; so tut man es in kochendes Wasser, lässt es einmal damit aufkochen, nimmt es mit dem Schaumlöffel heraus, und lässt es im kalten Wasser kalt werden.

5. Federvieh zu flammieren. Alles Federvieh, was am Spieße gebraten werden soll, wird trocken gepflückt, dressiert und dann flammiert. Das geschieht so: Wenn das Vieh trocken gepflückt und nach Reg. 3 dressiert worden ist; so steckt man es auf kleinere oder größere Spieße, und hält es so über ein Kohlfeuer, das zwar in gutem Brande ist, aber keine Flamme gibt. Man dreht es so lange über dem Feuer herum, bis die Haut steif wird, putzt es alsdann mit einem reinen Tuche ab, und sucht die kleinen Kiele vollends reine ab.

6. Einpassieren. Man legt ein Stück Butter in eine Kasserolle und lässt sie schmelzen. Darauf gibt man ein wenig fein Mehl und eine Zwiebel, rührt es auf dem Feuer ab, bis die Butter mit dem Mehle anfängt, zu steigen. Ist das geschehen; so gießt man von der Bouillon, in welcher das Fleisch blanchiert wurde, so viel daran als man Sauce nötig hat, gibt Lorbeerblätter, Salz, Zitronenscheiben und ein wenig Muskatblumen dazu und lässt es aufkochen. Nun legt man die blanchierten Sachen, ganz oder zerschnitten, darein und lässt es garkochen. Vor dem Anrichten wird es mit Eier legiert. Das tut man bei Hühnern, Tauben, Kalbfleisch, Lammfleisch, usw.

7. Legieren. Man nimmt, nach Proportion der Schüssel, mehr oder weniger Eierdotter, zu einer ordinären Schüssel etwa drei bis viere, rührt sie mit ein wenig gutes Butter klein, gibt den Saft von einer Zitrone dazu und rührt es wieder mit einem hölzernen Löffel durch. Nun gibt man ein wenig von der einpassierten Sauce dazu, rührt es damit durch und lässt es hernach langsam auf die kochenden Tauben, jungen Hühner, Kalb- oder Lammfleisch laufen. Dabei aber muss die Kasserolle beständig gerührt werden. Sobald es aufkocht, setzt man es ab, probiert es nach Salz und richtet es an.

8. Eine braune Sauce zu legieren. Man rührt ein wenig fein Mehl mit Jus an, drückt Zitronensaft darein und lässt es in die braune Sauce laufen. Indem es darein gegeben wird, muss es beständig gerührt werden. Sobald die Sauce rund wird, so wird das übrige zurückbehalten. Es kann zu mehrern Saucen gebraucht werden.

9. Bräsen aufzusetzen zu Saucen. Man legt in eine Kasserolle Speck, eine Scheibe Schinken, ein Stück Butter, Rindtalg, Zwiebeln, Abfall von Kalbfleisch, gelbe Wurzeln, Petersilienwurzeln, Sellerie, Lorbeerblätter, Rindfleisch in Scheiben geschnitten, Hammelfleisch und überhaupt allerlei Abfall von Fleische, was in der Küche vorfällt, dazu gießt man ein Maß Rheinwein und lässt es so lange kochen bis es bräset. Sollte es sich färben; so rührt man alles mit einem Löffel in der Kasserolle wohl durch, und lässt es noch so lange anziehen, bis es so braun wird als es sein soll. Nun gibt man Bouillon oder Wasser darauf, und lässt damit alles so weich- und garkochen, dass keine Kraft in dem Fleische bleiben kann. Ist es soweit geschehen; so lässt man es durch ein Sieb laufen, und schöpft das Fett davon. Hiervon werden allerlei Saucen gemacht und mit Eiern legiert.

10. Eine Bräse anzusetzen von allerhand Federvieh, welches gelb und weiß sein soll. Man nehme Speck in Scheiben geschnitten, geschnittenen Rindtalg, ein Stück Butter, Petersilienwurzel, Sellerie, Zwiebeln und Lorbeerblätter, und tue es in eine Kasserolle. Darauf legt man Kapaunen – junge Hühner – oder Taubenbrüste, Lamm- oder Kalbsbrust, gefüllt oder nicht gefüllt, in die Kasserolle, gießt ein halbes Maß Wein darauf, tut etwas Salz dazu, deckt die Kasserolle zu und lässt es auf Kohlfeuer bräsen. Scheint es sich ansetzen zu wollen; so kehret man die Brüste um, sodass der Rücken unten zu liegen kommt. Nun lässt man es wieder gehen, dass es gar wird. Darauf kehrt man die Brüste wieder um und lässt es bis zur Anrichtung warm stehen. Man gibt alsdann die Saucen erstlich auf die Schüssel und legt das aus der Bräse darauf. Was ist der Kasserolle übrigbleibt, wird mit einem halben Maß Wasser oder Bouillon durchgekocht, durch ein Sieb in ein anderes Geschirr gegossen und darinnen verwahrt. Man kann es zu einer andern Bräse oder auch, zu ein oder zwei Löffel voll, zum Ragout und Frikassee gebrauchen. Es verdirbt nicht leicht, weil es mit Fette bedeckt ist.

11. Braune Coullige zu Saucen. Ein guter Löffel voll Butter wird mit einigen Scheiben von magerm Rindfleisch, mit Zwiebeln, gelben Wurzeln, Sellerie, mit Knochen von Hammel- und Kalbfleisch, und mit einer alten Henne, die vorher rein gemacht und mit Haut und Knochen zerhackt wurde, in eine Kasserolle getan. Die Kasserolle setzt man nun auf das Feuer und lässt es zusammen in der Butter bräsen oder braten. Es muss so lange bräsen, bis es braun wird. Man hat sich aber vorzusehen, dass es nicht anbrenne, sonst wird es bitter und darum unbrauchbar zu den Saucen. Hat es nun seine gehörige braune Farbe; so gießt man Bouillon oder, in deren Ermangelung, auch nur Wasser darauf und lässt es damit gut durchkochen, damit alle Kraft herauskomme. Auch kann man damit noch ein paar Rinds- und Kalbsfüße garkochen lassen. Ist dies geschehen; so klopft man zwei Scheiben von Schinken, legt sie in eine kleine Kasserolle auf ein Stück Butter, setzt es auf das Feuer und lässt es so lange durchschwitzen, bis es gelbbraun wird. Dieses rührt man mit einem guten Löffel voll fein Mehl durch, tut es zu dem Ersten und lässt es damit durchkochen. Endlich gießt man es durch ein Sieb und nimmt das Fett oben davon. Hiervon werden alle braune Coulligesaucen verfertiget, von Trüffeln, Morcheln, Champignons, Sardellen, Oliven und dergleichen.

12. Weiße Coullige zu Saucen. Man nimmt ein paar alte Hühner, macht sie rein und zerhackt sie, Kalbfleisch vom Halse, und die Beine von den Blättern, einen Löffel voll Butter, Petersilienwurzeln, gelbe Wurzeln und Selleriewurzeln, schneidet diese alle in Scheiben, tut es in eine Kasserolle mit Zwiebeln, Lorbeerblättern, mit ein wenig Salz und mit einer Kelle voll Bouillon, und lässt es zusammen kochen, bis dass es sich ansetzen will. Nun füllt man die Kasserolle noch mit Bouillon, lässt es damit garkochen, und gießt es durch ein Sieb in ein irdenes Geschirre. Hiervon macht man

Sauce Hachee, Pistazien- und Morchelsauce. Ferner kann es auch unter gebratenes Wild von Federvieh und Frikandeau, und in alle feine Pasteten von Fleisch und Flügelwerk gegeben werden.

13. Eine braune Fischcoullige. Wenn Fische farciert werden, so fällt der Rücken aus. Dieser und der sonstige Abfall von Fischen wird klein gehackt. Man macht alsdann ein Stück Butter in einer Kasserolle gelbe und rein, darein legt man Petersilienwurzeln, Sellerie, Lorbeerblätter und feingehackte Zwiebeln, darauf tut man den gehackten Abfall von den Fischen, und lässt es so lange bräsen, bis es braun wird. Nun gießt man Wasser darauf, lässt es eine Stunde kochen und gibt es durch ein Sieb. Diese Coullige braucht man zu Fastensuppen und braunen Fischsaucen. Weiße Coullige von der Art wird nach derselben Vorschrift eingerichtet, man darf sie nur nicht braune bräsen lassen, und dann werden weiße Saucen davon gemacht.

14. Krebsjus. Die Krebse werden im Wasser und Canehl, ohne Salz, abgekocht mit ganzer Petersilie. Man nimmt sie, wenn sie gar sind, aus dem Wasser, lässt sie kalt werden, schneidet die Beine ab, bricht die Schalen von den Schwänzen und Rücken aus und lässt die Scheren aber daran. Die Schalen werden nun mit Butter in einem Mörser ganz fein gestoßen, in einer Kasserolle auf das Feuer gesetzt, und so lange gebraten, bis die Butter rot wird. Darauf passiert man einen Löffel voll fein Mehl damit durch, gießt Bouillon darauf, lässt es durchkochen, und gibt es durch ein Sieb. Hiervon macht man eine Krebssauce.

15. Krebsbutter zu machen. Es werden hierzu sechzig Krebse mit Kümmel, ganzer Petersilie, ohne Salz, im Wasser abgekocht. Wenn sie gar und überschlagen sind; so werden sie nach und nach mit Butter in einem Mörser fein gestoßen. Darauf werden die Krebse, in einer Kasserolle, mit einem Pfund Butter so lange abgeschwitzt, bis die Butter rot geworden ist, und nun lässt man es durch ein Sieb in ein irdenes Geschirre. Diese Butter kann vom Herbst bis in den Winter aufbewahrt werden und ist zu Saucen zu gebrauchen. Das Feingestoßene tut man wieder mit Bouillon in eine Kasserolle, lässt es aufkochen und braucht es ebener Art zur Sauce.

16. Eine Klare anzurühren. Man nimmt vier Löffel voll fein Mehl, und schlägt drei ganze Eier dazwischen. Ist dies geschehen; so rührt man nach

15

und nach, so viel Milch und Muskatblumen und ein wenig Salz dazu, dass es so viel wird, als man zum Pfannenkuchen gebraucht. Es muss aber ein wenig Dicke eingerührt werden. Wenn man nun weniger oder mehr nötig hat; so kann man, nach dem angegebenen Verhältnisse, mehr oder weniger von den Ingredienzien nehmen. Aus dieser Klare wird Verschiedenes gebacken, wie unten zu ersehen.

17. Eine andere Klare mit Milch, worinnen Obst ausgebacken wird. Man nimmt vier bis fünf gute Löffel voll fein Mehl, vier bis fünf ganze Eier, einen guten Löffel voll von ausgewässertem Gest oder Hefen, geriebene Zitronenschalen, feingestoßenen Canehl (Zimt), etwas geriebenen und durchgesiebten Zucker, und rührt es alles wohl durch. Darauf wird es, wie im Vorhergehenden, mit Milch angerührt und hingesetzt, dass es der Gest etwas auftreibe.

18. Butter abzuklären. Man tut die Butter in eine Kasserolle, lässt sie schmelzen, nimmt den Schaum mit dem Löffel ab und lässt sie so lange kochen, bis sie helle oder klar wird. Man braucht diese Butter zu allem, was aus Butter gebacken werden soll.

19. Noch eine andere Klare zum Ausbacken. Fein Mehl wird mit Eiern und allen andern Ingredienzien, ausgenommen den Gest, wie in der vorigen Angabe zusammengerührt. Dazu rührt man hernach, statt der Milch, Wein. Man braucht diese Klare besonders zu Johannisbeertrauben und Holunderblüten, wenn die ausgebacken werden sollen.

20. Eine Consumir zu machen. Dazu nimmt man Kalbfleisch, alte Hühner, gelbe Wurzeln, Sellerie, Petersilienwurzeln, Zwiebeln, ein wenig Salz, ganze Gewürze, vier Kälberfüße und zwei Maß Wasser. Man lässt es zusammen bis auf ein Maß einkochen, dass alle Kraft aus dem Fleische komme, und gießt es durch ein Sieb in eine Kasserolle. Dazu tut man von vier Zitronen den Saft, oder stattdessen ein wenig Weinessig, und lässt es wieder kochen. Darauf schlägt man von zehn Eiern das Weiße zum Schnee, kocht das erste mit diesen durch, lässt es alsdann durch einen Geleebeutel laufen und kalt werden, dass es stehet. Es wird dann ausgenommen und über Aspizen von Fischen und Flügelwerk gebraucht.

21. Farce von Kalbfleische und Rindfleische. Man nimmt von den Koteletts oder aus der Keule das Fleisch, schneidet die Sehnen heraus und hackt es ganz fein. Darauf reibt man Semmel und legt sie um das gehackte Fleisch. Ist das geschehen; so tut man ein Viertelpfund Butter in eine Kasserolle, schlägt sechs bis acht ganze Eier darauf, rührt sie mit der Butter recht gut durch, gießt einen Löffel voll Milch dazu, setzt es auf Kohlefeuer und rührt es beständig zum dünnen Rührei. Dieses tut man hierauf auf das gehackte Fleisch, hackt es damit wohl durch und mengt es auch mit der Semmel durch, dass es wie ein Teich wird. Man gibt es nun wieder in die Kasserolle, tut ein wenig Salz, feingestoßene Muskatblumen, feingehackten Thymian und noch zwei bis drei ganze Eier dazu und rührt es damit durch. Wird die Farce zu steif; so kann man sie mit Milch verdünnen. Diese Farce ist zu feinen Pasteten, zu farcierten Sachen und zu Klößen zu gebrauchen, die in weiße und braune Suppen gesetzt werden.

Anmerk. Farce von Wildbret wird nach derselben Vorschrift gemacht.

22. Farce von Kalbsbraten. Erst werden die Sehnen aus dem Braten gesucht und ausgeschnitten. Darauf wird es fein gehackt. Semmelkrume wird in Milch geweicht, auf ein Sieb gelegt, dass sie wieder ablaufe, dann vollends ausgedrückt und auf das gehackte Fleisch gelegt. Hat man das getan; so werden in einer Kasserolle sechs Eierdotter und vier ganze Eier mit Butter durchgeschlagen und zum Rührei gerührt. Man tut dieses hiernächst auf den Braten und die Semmel, mit Salz, mit ein wenig Muskatblumen und mit feingehacktem Thymian, und hackt es damit wieder recht gut durch. Nun tut man alles wieder in die Kasserolle und rührt es noch mit vier rohen Eierdottern durch. Das aufbewahrte Weiße von zehn Eiern wird endlich zum Schnee geschlagen und auch dazwischen gerührt. Diese Farce wird gebacken und beim Anrichten in braune Suppen, in Krebssuppen und Linsensuppen getan. Sie wird in Formen gebacken. Man bestreicht die Formen mit Butter, reibt feine Suppenmakronen in den Händen ganz kurz, bestreut damit die Formen anstatt der Semmel, gibt die Masse darein, setzt sie in die Tortenpfanne, gibt ihr von unten und oben gleiches gelindes Feuer und lässt es langsam garbacken. Will man sie zum Tresset gebrauchen, so werden die Formen auf einer Schüssel umgekehrt und dann wir eine gute Coulligesauce mit Morcheln, Trüffeln, Kapern oder Sardellen darüber gegeben.

23. Farce von Hechten oder Karpfen. Wenn der Fisch abgeschuppt, ausgenommen und reine gewaschen ist; so schneidet man ihn in kleine Stücke, legt ihn in eine Kasserolle mit einem guten Viertelpfunde Butter, tut eine oder zwei gehackte Zwiebeln darauf, ein paar Lorbeerblätter und ein wenig Salz, setzt es auf Kohlfeuer und lässt den Fisch garschwitzen. Darauf nimmt man den Fisch mit einem Schaumlöffel aus der Butter, dass keine Gräten darinnen bleiben, grätet das Fleisch sorgfältig aus, sodass auch die kleinsten Gräten herauskommen, und hackt das Fleisch alsdann ganz fein. In die zurückgebliebene Butter schlägt man sechs bis acht ganze Eier und rührt es auf dem Feuer zum Rührei. Nun tut man geriebene Semmel zu dem Fische, legt das Rührei darauf und hackt es damit wohl durch. Die Lorbeerblätter bleiben zurück. Endlich gibt man die Masse wieder in die Kasserolle, rührt es mit einem hölzernen Löffel durch und rührt noch zwei oder drei ganze Eier mit feingestoßenen Muskatblumen, mit Salz und mit feingehacktem Thymian dazwischen. Sollte die Farce zu steif werden; so wird sie mit etwas guter Milch durchgerührt und so verdünnt.

Man braucht diese Farce zu allen farcierten Fischen, zu Erbsen- und Linsensuppen und wieder zu Tresset. Sie wird, nach der vorher beschriebenen Art, zu Suppen und Tresset gebacken, und Sauce darauf gegeben. Soll es Fastenspeise werden, so kocht man eine Coullige von allem Abfall von Fischen. Sie wird ebenso angesetzt wie von Fleisch, anstatt der Bouillon aber nimmt man Wasser. Man kann, wie vorhin, auch hier Morcheln, Trüffel, Kapern und Sardellen dazu nehmen.

24. Farce von Krebsen. Wenn die Krebse im Wasser mit Salz und Kümmel gargekocht sind; so nimmt man sie aus dem Wasser und lässt sie kalt werden. Die Schwänze und die Scheren werden alsdann ausgebrochen. Der Darm wird aus den Schwänzen gezogen und das Fleisch klein gehackt. Die Krebsschalen werden feingestoßen und mit Butter so lange abgeschwitzt, bis die Butter rot wird. Darauf gießt man es auf ein Sieb, dass die Butter, in eine kleine Kasserolle, rein ablaufe. In diese abgeklarte Butter schlägt man sechs bis acht ganze Eier, rührt es gut durch, setzt es auf Kohlfeuer und macht es zum Rührei. Dieses tut man sofort auf die gehackten Krebsschwänze, mit geriebner Semmel, Muskatblumen, Salz, ein wenig feingehacktem Thymian und mit feingehackter Petersilie, hackt es so fein als möglich durcheinander und rührt es endlich mit zwei ganzen Eiern in der Kasserolle wohl durch. Wird es zu steif; so verdünnt man es mit etwas guter Milch. Davon werden Klöße in Krebssuppen gegeben, auch werden die Krebse damit gefüllt und ausgebacken. Ferner kann man damit junge Hühner, Lämmer- und Kälberbrüste farcieren. Die Sauce zu diesen letzten ist die angegebene Krebssauce. Siehe Saucen Reg. 16.

25. Eine Marinade. Man gießt ein halb Maß Essig in eine Kasserolle, tut etwas Salz dazu, ganzen Thymian und Majoran, ein paar gereinigte in Scheiben zerschnittene Zwiebeln, ganze Nelken und Muskatblumen, und lässt das zusammen kochen. Bieressig ist dazu hinlänglich. Nimmt man aber Weinessig; so kann man zur Hälfte Wasser dazu gießen. In dieser Marinade kann man alles beizen oder verwahren. Alles Fleisch zu groben Pasteten. Wildbret aller Art, auch Pute, Enten, Hammel- und Rindfleisch, wenn man es im Mangel des Wildes in grobe Pasteten brauchen will. Das Wild und alles andere wird vorher so zerschnitten, wie man es brauchen will, und in die Marinade gelegt. Das Federvieh wird vorher gehörig dressiert, dann in ein irdenes Gefäße gelegt, sodass der Rücken oben und die Brust unten liegt, und die Marinade heiß darüber gegossen. Die Sachen, die man in der Marinade hat, müssen täglich umgekehrt werden. Zuweilen liegt es etwas lange und zieht zu viel Säure. In dem Fall wird es vor dem Gebrauch in frisches Wasser gelegt, damit die Säure ausziehe. Man lässt es eine halbe Stunde im Wasser liegen, nimmt es alsdann heraus, drückt es mit der Hand aus und trocknet es mit einem Tuche ab. Sollte es noch zu sauer sein; so wird es wiederholt.

26. Einen weißen Guss oder ein weißes Glas über Bäckereien. Ein Pfund feiner weißer Zucker wird fein gestoßen und durch ein Sieb gelassen. Darauf tut man ihn in eine hölzerne oder auch wohl irdene tiefe Schüssel, schlägt von einem Ei das Weiße darauf, gibt von einer Zitrone den Saft, aber ohne Kerne, dazu und rührt es mit einem hölzern Löffel, immer nach einer Seite, so lange durch, bis es ganz weiß und steif wird. Ist es zu dick; so verdünnt man es noch mit Zitronensaft. Damit bestreicht man Bäckereien, bestreut es hernach mit buntem Streuzucker und lässt es stehen, dass es von selbst hart und trocken werde.

27. Ein Glas zu allen Bräsen, wenn sie bräunlich werden sollen. Man legt Speckscheiben in eine Kasserolle, auf diese legt man Zwiebeln, gelbe Wurzeln und Petersilienwurzeln, in Scheiben geschnitten, darauf wieder einige Scheiben mageres Rindfleisch, Kalbfleisch und allen Abfall von Koteletts, sodass die Kasserolle über halbvoll wird. Nun gießt man Bouillon von Rindfleisch oder Wasser darüber, dass das Fleisch bedeckt ist, gibt Salz und Lorbeerblätter dazu, und lässt es so lange kochen, bis alles Fleisch zerfällt, und bräsen, bis es unten braun wird. Ist das so weit gekommen, so gieß man ein Maß Bouillon oder Wasser dazu und lässt es damit braun kochen. Nun gibt man es durch ein Sieb in eine andere Kasserolle, dass das Düne rein ablaufe, gießt das Fett ab und lässt es, unter beständigem Umrühren mit einem hölzern Löffel, bis auf einen halben Orth einkochen. Dies gießt man auf einen Teller und verwahret es zum Gebrauch. Soll nun ein Gerichte beim Anrichten, als junge Hühner, Tauben, Kapaunen, Frikandeau, Kalbsbrüste und andere Sachen, wenn sie zu weiß aus der Bräse kommen, braune Couleur haben; so setzt man den Teller mit dem Glase auf Kohlen, lässt es warm werden, und bestreicht damit die Sachen mit einer Feder. Selbst dann kann man es tun, wenn darunter etwas weiße Sauce gegeben wird. Es erhebt den Geschmack und das Ansehen.

28. Torten, Bäckereien und Cremes zu glasieren. Wenn diese Sachen mit Zucker sind bestreuet worden, so hält man eine glühende Schaufel so lange darüber, bis es Couleur gibt. Ist die Stelle gut, so nimmt man eine andere, und das so fort, bis es alles seine Glasur hat.

29. Creme zu garnieren. Langen Biskuit oder Zuckerplätzchen schneidet man dreieckig, bestreuet diese Stückchen mit Zucker und macht sie, wie vorher, mit einer glühenden Schaufel braun. Diese Stückchen werden um den Rand der Schüssel gelegt, sodass die Spitzen auswärts liegen. Den Abfall von dem Biskuit oder Zuckerplätzchen hackt man kleine, bestreut ihn mit Zucker, macht ihn, auf dieselbe Art, mit einer glühenden Schaufel braune, hackt es wieder, bestreuet es mit Zucker und macht es wieder braune. Ist es alles kastanienbraun, so macht man es fein, wie Mehl, und bestreuet die Creme damit in Figuren von Blumen, von Bäumen und andern.

Zweites Stück

Von allerhand Saucen

1. Sauce blanche zu Fischen. Man nehme einen Löffel voll Butter, dämpfe sie mit ein wenig Mehl und rühre sie alsdann ab mit zwei Eierdottern, etwas Wasser, Zitronensaft, Zwiebeln, Muskatblumen und Muskatnuss.

2. Petersiliensauce mit Wein zu Karutschen. Man nimmt eine Handvoll Petersilie, blanchiert und stößt sie mit gerösteter Semmel und Gewürzen, und treibt es endlich mit Wein und Zitronen durch ein Haartuch.

3. Polnische Saucen zu Rindfleisch. Diese Sauce wird von Mehl, Butter, Eierdotter, Konrinthen, Zwiebeln, Wasser, Zitronen, Zucker, Lorbeerblättern, Rosinen und Gewürzen eingerührt.

4. Eine Robertsauce. Man schwitzet gehackte Zwiebeln in braunem Mehl, mit Pfeffer oder Gewürzen, und kocht es in Bouillon und Essig gar.

5. Eine grüne Rokensauce zum Lammbraten. Man nehme eine Handvoll grünen Roken, stoße ihn ihm Mörser und treibe es mit gerösteter Semmel, Wein, Essig, Zucker und Pfeffer durch ein Haartuch.

6. Sauce Hachee zu Hammel oder Kalbfleisch. Man nehme ein Lot Morcheln, ein Lot Trüffel, ein Lot Mousserons, ein halb Lot Kapern, zwei Lot magern Schinken, hacke dieses alles mit Zwiebel durch und lasse es mit Coulligesauce, mit Zitronensaft und Gewürzen durchkochen. Diese Sauce ist besonders gut zu Ragouts.

7. Sauce Poivrade zu Grillade. Man nimmt Essig, geschnittene Zwiebeln, gehackte Petersilien, Salz und Pfeffer auf einen Teller und mengt es untereinander. Mann kann dieses kalt und auch warm geben.

8. Spanische Sauce zu Fleischwerk. Man nehme ein Viertelpfund frische Trüffeln, Mousserons, zwei Pfund frische Champignons, Sardellen, ein viertel Maß Champagner-Wein, zwei Löffel voll Baumöl, Knoblauch, Zitronen, Pfeffer, Nelken, Lorbeerblätter, Zwiebeln, Oliven, das alles koche man mit Coullige durch und richte es mit Zitronensaft an.

9. Sauce Remoulade zu a la Daube. Es werden dazu genommen zwei gute Löffel voll Baumöl, Zitronensaft, gehackte Sardellen, Oliven, ein achtel Maß Wein, Zucker, ein wenig Weinessig, gehackte Zwiebeln, von drei hartgekochten Eiern das Gelbe, Pfeffer und Senf, das alles wird durcheinandergerührt und kalt zur Tafel gegeben.

10. Sauce zu Krusten. Eine Bouteille Pontak, ein wenig Zucker, Weinessig, Gewürze und Zitronen lässt man durchkochen und gießt es durch ein Sieb.

11. Englische Sauce zu jungen Hühnern oder Kalbskeulen. Von sechs hart gekochten Eiern wird das Gelbe mit einem Stück Butter klein gerieben. Dies rührt man hierauf mit ein wenig Mehl, dem Gelben von zwei Eiern, mit Wein, Zitronensaft, Muskatblumen und Zwiebeln ab und gibt es unter das Fleisch.

12. Eine gelbe Fischsauce. Man nimmt einen Löffel voll Butter, ein wenig Mehl, drei Eierdotter und rührt das durch, darauf rührt man es mit Wein, Zitronen, ein wenig Zucker und Muskatblumen auf dem Feuer ab.

13. Petersiliensauce zu Fischen. Man nehme eine Handvoll Petersilie, zwei Löffel voll Butter, ein wenig Mehl und Muskatblumen und rühre es dann im Wasser ab.

14. Eine pikante Sauce zu Grillade. Kapern werden in Striemen geschnitten und mit brauner Butter, Zitronenschalen und Essig durchkocht.

15. Eine andere mit Öl. Man nimmt Essig, Baumöl, gehackte Zwiebeln, gehackte Petersilie, Pfeffer, Salz, Zitronen und Zucker, schlägt es durch zur Sauce und gibt sie kalt.

16. Eine Krebssauce. Man nimmt einen guten Löffel voll Krebsbutter in eine Kasserolle und rührt sie mit einem halben Löffel voll von feinem Mehl und mit vier bis fünf Eierdottern durch. Ist das geschehen, so gibt man etwas von der Krebscoullige dazu und rührt es recht gut durch, dass keine Klümpchen in der Sauce bleiben, darauf wird noch Coullige zugegossen und wieder gerührt, und so fortgefahren, bis man glaubt, Sauce genug zu haben. Endlich wird die Sauce noch mit ein wenig Muskatblumen und fein gehackter Petersilie auf dem Feuer abgerührt, dass sie rund werde. Es darf aber nicht kochen.

17. Eine Milchsauce. Ein Stück Butter wird mit einem Löffel voll von feinem Mehl und sechs Eierdottern durcheinander gerührt. Dazu rührt man alsdann Löffelweise so viel Milch als man Sauce braucht und rührt es noch mit ein wenig Muskatblumen, mit fein geriebener Zitronenschale, mit Zucker und Canehl so lange auf dem Feuer ab, bis es aufkocht. Diese Sauce ist zu allen Puddings gut.

18. Eine andere Milchsauce. Ein Stück Butter, ein Löffel voll von feinem Mehl und ein wenig Muskatblumen wird wie oben mit Milch angerührt und auf dem Feuer abgerührt, dass es rund werde. Diese Sauce ist gut zu gebrauchen bei farciertem weißem Kohl und Savoienkohl.

19. Noch eine Milchsauce zu Stockfisch. Ein halb Pfund Butter wird mit einem Löffel voll von feinem Mehle und mit dem Gelben von acht Eiern recht gut durchgerührt. Dazu rührt man nun Löffelweise gute Milch, rührt es jedes Mal, wenn ein Löffel voll Milch dazukommt, wieder durch, und fährt damit so lange fort, bis man Sauce genug zu haben glaubt. Darauf wird es auf dem Feuer mit einer ganzen gereinigten Zwiebel, mit Lorbeerblättern, mit etwas fein gestoßenem Pfeffer und Salz so lange abgerührt, bis es rund werde. Es darf aber nicht kochen. Diese Sauce kann zur Stockfischpastete, auch zum bloßen Stockfisch gegeben werden. Statt der Milch kann man auch Wasser nehmen und kann die Sauce eben wieder zu diesem Fische gebrauchen.

20. Eine Hagebuttensauce. Die Hagebutten werden erst ganz reine gewaschen und im Wasser ganz weich gekocht. Wenn das geschehen ist, so werden sie durch ein Sieb mit einem hölzernen Löffel stark durchgerieben.

Darauf tut man sie in eine Kasserolle und lässt sie mit einem halben Maß Wein, mit einigen Zitronenscheiben, mit ganzem Canehl (Zimt), mit einem Stück Zucker und etwas Salz so lange kochen, bis es rund wird.

21. Eine Kirschsauce. Ein Pfund Kirschen werden ganz fein gestoßen mit Fleisch und Kern. Man lässt das Gestoßene darauf mit Wasser kochen und reibt es durch ein Sieb. Nun lässt man in einer Kasserolle in wenig Butter braun werden und schwitzt darin einen kleinen Löffel voll von feinem Mehl ab. Darauf gibt man die durchgeschlagenen Kirschen und lässt es mit Zitronenscheiben, mit ganzem Canehl, mit einem Stück Zucker und mit einem halben Maße Wein eine halbe Stunde kochen, bis es rund wird. Diese Soße kann zu Rinder-, Kälber- und Hammelzungen gebraucht werden.

22. Orangensauce. Man macht erst braune Butter und damit rührt man zwei Hände voll geriebenen Semmel, so wie man braunes Mehl macht. Ist es braun, so tut man es in eine Kasserolle und gießt roten Wein und etwas Wasser dazu. Nun nimmt man zwei Orangen, schneidet die gelbe Schale rundherum ein, lässt die auf dem Roste braun braten, schneidet sie in Stücke, tut diese in die Kasserolle zum Wein und lässt es gut durchkochen. Darauf wird es durch ein Sieb in eine andere Kasserolle gerieben und darinnen wieder mit Zucker und ganzem Canehl gekocht. Ist der Sauce zu wenig, so gibt man noch roten Wein hinzu, und wenn es nicht süße genug ist, auch noch Zucker.

23. Johannisbeersauce. Hier nimmt man ein wenig Butter, lässt sie auf dem Feuer gelbbraun werden, tut darauf ein Pfund Johannisbeersaft, Wein, Zitronenscheiben und gestoßenen Canehl dazu und lässt es zusammen aufkochen. Man hält diese Sauce bis zum Anrichten warm und braucht sie zu Puddings und andern Speisen.

24. Sauerampfersauce. Der Sauerampfer wird reine gewaschen und fein gehackt. Darauf tut man ihn in eine Kasserolle und lässt ihn mit einem Stück Butter, mit einer Zwiebel, mit Lorbeerblättern und mit einer Scheibe von Schinken schwitzen. Ist dies geschehen, so gibt man ein bisschen fein Mehl, ein paar Zitronenscheiben und Muskatblumen dazu und lässt es wieder kochen. Zuletzt nimmt man vier Eierdotter, rührt sie mit einem

Löffel voll dicken Rohm durch und legiert die Sauce damit. Wenn dies geschieht, so muss man es beständig umrühren, dass es nicht koche.

25. Eine klare Orangensauce. Die Orangen werden auf der Roste gebraten, in Stücke geschnitten, mit rotem Wein und Zucker gekocht und dann durch ein Sieb gegeben. Wenn diese Sauce kalt ist; so kann sie zu kalten Kalkuten, Kapaunen und jungen Hühnern gegeben werden. Es werden alsdann Semmelscheiben auf beiden Seiten gelbbraun geröstet, auf eine Schüssel gelegt und mit gestoßenem Canehl bestreut. Darauf schneidet man oben benanntes Flügelwerk in Stücke, legt diese über die Semmelscheiben und gibt die kalte Sauce darüber. Man kann die Sauce unterdessen auch bloß über die Semmel geben und das Fleisch auf einer besondern Schüssel auftragen.

26. Muster- oder Senfsauce. Man lässt ein Stück Butter in einer Kasserolle schwitzen, dass sie gelb wird, darauf gibt man eine feingehackte Zwiebel darein und lässt es wieder schwitzen, nun tut man einen halben Löffel voll von feinem Mehle dazu und lässt es auch damit so lange durchschwitzen, bis es steigt. Dann gibt man eine Kelle voll Bouillon darauf, Zitronenscheiben, Zucker, Lorbeerblätter und Salz und lässt es damit durchkochen. Kurz vor dem Anrichten rührt man noch einen guten Löffel voll Senf darein und lässt es auch damit durchkochen. Zuletzt rührt man vier Eierdotter durch und legiert die Sauce damit. Man braucht diese Sauce, außer dem gewöhnlichen, auch bei gebratenen Kalkuten, Kapaunen, auch bei Grillade.

27. Eine dicke Buttersauce. Ein gut Stück frische Butter rührt man in einer Kasserolle mit einem halben Löffel voll von feinem Mehl recht gut durcheinander. Dazu rührt man nach und nach so viel warmes Wasser als man Sauce haben will. Nun gibt man geriebene Muskatnuss und das nötige Salz darein und rührt es auf dem Feuer so lange ab, bis es rund wird und einmal aufkocht. Diese Sauce ist gut bei Kartoffeln nach englischer Art.

28. Eine dicke Butter zum Spargel. Man rührt ein gutes Stück frische Butter in einer Kasserolle mit einem halben Löffel voll von feinem Mehl gut durch und tut von dem Spargelwasser so viel dazu als man Sauce braucht. Ist es Zeit zum Anrichten, so tut man den Spargel auf die Schüssel, rührt die Sauce in Geschwindigkeit auf dem Feuer ab, dass sie rund wird und aufkocht, und gibt sie über den Spargel. Man bestreut es mit geriebener Muskatnuss und gibt es so zur Tafel.

29. Eine gelbe Eiersauce. Ein gut Stück Butter wird in einer Kasserolle mit einem halben Löffel voll von feinem Mehl und mit dem Gelben von sechs Eiern wohl durcheinander gerührt. Darauf tut man etwas Weinessig hinzu und will man die Sauce bei Fischen brauchen; so gibt man von dem gekochten Fischwasser so viel als nötig ist dazu und rührt es endlich auf dem Feuer mit Zitronenscheiben, Muskatblumen und Zucker ab.

30. Noch eine andere gelbe Eiersauce. Man rührt ein gut Stück Butter mit dem Gelben von vier bis fünf Eiern und mit einem halben Löffel voll fein Mehl gut durch, gibt etwas Weinessig, Bouillon, Salz und ein wenig Muskatnuss dazu und rührt es auf dem Feuer ab. Diese Sauce braucht man besonders zum jungen Hopfen.

31. Noch eine gelbe Sauce. Man nehme ein gut Stück Butter, einen halben Löffel voll fein Mehl, sechs bis acht Eierdotter und Muskatblumen, rühre dieses alles wohl durch, rühre Weinessig, Wasser und Salz damit an und rühre sie endlich auf dem Feuer rund ab. Diese und die vorhergehende Sauce braucht man zu Kartoffeln, zu Artischocken usw.

32. Eine gelbe Kapernsauce zu Fischen. Ein gut Stück Butter wird mit einem halben Löffel voll von feinem Mehle, mit vier bis fünf Eierdottern und mit Muskatblumen wohl durcheinander gerührt. Nun gibt man Wein dazu und rührt es wieder damit durch. Ist dies geschehen, so tut man Zitronenscheiben, Zucker, gehackte Kapern und so viel abgekochtes Fischwasser dazu, als nötig ist, und rührt es auf dem Feuer ab. Sollte die Sauce zu rund oder zu dick werden; so gießt man Fischwasser, wenn es nicht zu salzig ist, oder Wasser oder Jus dazu. Dies letzte muss man im erforderlichen Falle bei allen Saucen tun.

33. Sardellensauce. Ein Stück Butter, feingehackte Sardellen, ein wenig Mehl und drei bis vier Eierdotter werden durcheinander geschlagen, darauf mit Zitronensaft und Bouillon durchgerührt und endlich mit ein paar Zitronenscheiben und mit Muskatblumen auf dem Feuer wieder abgerührt.

34. Coullige- oder Jussauce. Man nimmt starke Jus oder auch Coullige und rührt es mit einem guten Löffel voll Senf ab. Diese Sauce braucht man zu frischem Rindfleisch auch zu Tresset.

Drittes Stück

Von Suppen

1. Eine ordinäre Hühnersuppe. Wenn das Huhn rein abgefiedert, ausgenommen, blanchiert und abgeputzt ist; so lasse man es drei Stunden kochen mit Perlgraupen. Darauf werden Petersilienwurzeln, Sellerie, Salz und Butter hinzugetan und man lässt es nach Geschmack kochen.

2. Hühnersuppe mit Reis. Diese Suppe wird auf die nämliche Art gekocht.

3. Fleischsuppe. So werden nach gleicher Art Kalb- oder Rindfleisch, oder Hühnersuppen mit Makronen, oder Nürnberger Eiernudeln gekocht.

4. Krebssuppen. Man nimmt nach Verhältnis 40 oder 60 Stück Krebse. Sie werden mit Salz und Wasser abgekocht und ausgebrochen. Außer der Rückenschale werden die Übrigen mit etwas viel Butter gestoßen und in der Kasserolle rot gebraten. Darauf gießet man Bouillon oder Jus oder Wasser, lässt es mit Weißbrot aufkochen und treibt es durch ein Haartuch. Von den Schwänzen macht man dann eine Farce. Sie werden fein gehackt und mit einem Löffel voll Butter, mit vier gerührten Eiern und zwei rohen Eiern, mit geriebenem Weißbrot und Muskatblumen wohl durcheinander gerührt. Damit werden die Rückenschalen der Krebse gefüllt und in einer Tortenpfanne gebacken. Die Suppe wird nun gekocht, mit sechs Eierdottern legiert und so mit der Farce und mit dem gerösteten Weißbrot in die Schüssel gegeben.

5. Eine Karpfensuppe. Wenn die Karpfen abgeschuppt und rein gemacht sind; so wird das Fleisch von den Gräten geschnitten und eine Farce davon gemacht. Das Fleisch wird erst in Butter gebraten, darauf nimmt man Weißbrot, weicht dieses in sechs Eiern und Milch ein, drückt es wieder aus und rührt das Fleisch auf dem Feuer damit ab. Dies wird zusammen ganz klein gehackt, darauf tut man Muskatblumen, Salz und zwei rohe Eier hinzu, gibt ihm die Form eines Karpfen und lässt es im Ofen garbacken. Die Gräten werden mit gelben Wurzeln, (Möhren) Rüben, Petersilchen und Sellerie in der Kasserolle abgekocht, damit es sich wie Jus ansetze und braun werde. Darauf gießt man Bouillon, lässt es durchkochen und treibt es durch ein Haarsieb, legt den gebackenen Karpfen nebst geröstetem Weißbrot in die Suppenschale und richtet an.

Anmerk. Soll es eine Fastenspeise sein; so nimmt man statt Bouillon Wasser.

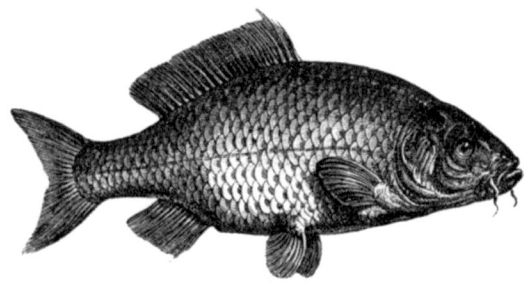

Karpfen

6. Fischsuppe. Von Hechten, Forellen, Aalen, Karutschen und andern Fischsorten wird sie auf gleiche Art gemacht.

7. Soupe a la Sante, oder Kräutersuppe. Man nimmt Sauerampfer, Kerbel, Petersilchen und Portulak, hacket solches klein, schwitzt es mit Butter und gibt eine Hand voll Mehl dazu. Danach gießet man Bouillon darauf, legiert es mit fünf oder sechs Eiern, legt geröstet Weißbrot in die Suppenschale und richtet an.

8. Soupe a la Reine. Ein altes Huhn wird rein gemacht und in Stücke geschnitten. Dazu nimmt man zwei Pfund Rindfleisch, zwei Pfund Kalbfleisch und ein Pfund Hammelfleisch, auch das wird gewaschen und zusammen abgekocht, abgeschäumt, und dann mit zwei gelben Wurzeln, Sellerie und Petersilienwurzeln gargekocht. Ferner kochet man ein halb Pfund gestoßene süße Mandeln mit etwas geriebenem Weißbrot, tut es zum Fleische und stoßet das zusammen in einem Mörser klein, treibt es mit Bouillon durch ein Haarsieb, legiert die Suppe mit dem Gelben von sechs Eiern und richtet sie über geröstete Semmelscheiben oder Mandeltorten an.

9. Braune Jussuppe. Man tut einen Löffel voll Butter in eine Kasserol-le, lässt sie braun werden, schneidet hierauf vier Pfund mager Rindfleisch in Scheiben, tut es mit zwei gelben Wurzeln, Rüben, Petersilienwurzeln, Zwiebeln und Sellerie dazu und lässt es recht braun werden. Darauf gießt man Bouillon dazu, lässt es eine Stunde kochen, gießt es beim Anrichten durch ein Sieb und gibt geröstet Weißbrot oder gebackene Farce mit in die Schüssel.

10. Entensuppe mit Savoienkohl. Es werden zwei Enten gebraten, man legt sie in eine Kasserolle, gibt Jus darauf, kocht den Savoienkohl ab, füllt ihn mit Farce, lässt es in der Kasserolle zusammen garkochen und richtet es mit geröstetem Weißbrot an.

11. Suppe von trocknen Erbsen. Man kochet die Erbsen mit Bouil-lon, Petersilienwurzeln und Sellerie gar, treibt sie durch ein Sieb, schwitzet Semmelscheiben in Butter oder machet eine gebackene Farce und richtet sie damit an.

Anmerk. Darein können auch farcierte Karpfen oder Karutschen gegeben werden.

12. Suppe von grünen Erbsen. Die Erbsen kochet man mit Bouillon oder Wasser gar, treibt sie durch ein Sieb, legiert sie mit dem Gelben von sechs Eiern und richtet sie über geröstete Semmelscheiben an. Man kann auch junge Hühner oder farciertes Kalbfleisch darein legen.

13. Linsensuppe. Man lässt die Linsen in Bouillon oder Wasser mit Selle-rie und Petersilienwurzeln garkochen, treibt sie durch ein Sieb und lässt sie wieder aufkochen. Darauf backt man geröstete Semmelscheiben in Butter aus, gibt Farciertes damit in die Suppenschale und richtet die Suppe an.

14. Kerbelsuppe mit Milch. Man hackt den Kerbel klein, kochet ihn mit Milch, Zucker und Salz gar, legiert es mit dem Gelben von sechs Eiern und richtet es mit geröstetem Weißbrot an.

15. Perlgraupensuppe mit Wein. Man kocht ein Viertelpfund Perl-graupen mit Wasser und ein wenig Butter drei Stunden lang, darauf nimmt man ein halb Maß Wein, Zucker, Zitronenschale, Korinthen und Canehl

(Zimt), lässt es damit durchkochen, legiert sie mit dem Gelben von vier Eiern und richtet die Suppe an.

16. Kümmelsuppe. Man nehme etwas gestoßenen Kümmel, ein Maß Bier, einen Orth Wein und Schwarzbrot, lasse es zusammen kochen, treibe es durch ein Haarsieb, koche es mit Zucker und Butter wieder auf und richte es an. Man kann auch noch Brot in Butter geschwitzt daran tun.

Kümmel

17. Schaumsuppe. Man nimmt 18 bis 20 Eier, ein halb Maß Rheinwein, ein halb Maß Wasser, Zucker, Zitronen und Canehl (Zimt), schlägt das mit einem Eierbesen auf dem Feuer, bis vors Kochen, treibt die Suppe hierauf durch ein Haarsieb und richtet sie an.

18. Weinsuppe ohne Schaum. Hier auch nimmt man ein halb Maß Wein und ebenso viel Wasser, rührt es mit dem Gelben von acht Eiern, Canehl (Zimt) Zucker und Zitronenschalen ab und richtet sie auf geröstete Semmelscheiben oder Biskuit an.

19. Habersuppe. Nimm Habergrütze, koche sie mit Wasser gar, schlage sie durch ein Sieb, dann koche sie mit Korinthen, Salz, Canehl, Zucker und Butter durch, schneide Semmel in Würfel, schwitze diese in Butter braun und richte die Suppe darauf an.

20. Panadesuppe. Man nimmt geriebene Semmel, kochet sie mit Wasser, Canehl, Zitronenschalen, Zucker, Butter und Salz, treibt es dann durch ein Sieb, legiert es mit dem Gelben von vier Eiern und richtet es an.

21. Kirschensuppe. Es werden ein halb Pfund trockene Kirschen gestoßen, diese kochet man in Wasser gar, treibt sie durch ein Haartuch, kocht sie in Wein, Zucker und Canehl durch und richtet sie, auf Semmel in Butter geschwitzt, an.

22. Eine Zwetschgensuppe. Die Zwetschgen werden gekocht und demnach die Steine herausgenommen. Darauf kocht man sie mit Wein, Zucker, Canehl (Zimt) und Zitronenschalen durch, schwitzt Semmelscheiben in Butter und richtet die Suppe darauf an.

23. Brunellensuppe. Die Brunellen schneidet man klein, kocht sie darauf mit Wasser, Wein, Canehl, Zucker und Zitronenschalen gar und richtet die Suppe mit geröstetem Weißbrot an.

24. Suppe von allerlei Gartengewächsen. Man schneide Rüben, gelbe Wurzeln, Sellerie und Petersilienwurzeln in Würfel, koche das alles durch, gieße Bouillon oder Jus darauf und richte es auf geröstete Semmelscheiben an.

25. Sagosuppe. Koche Sago in Wasser ab, koche dann Zucker, Milch, Canehl und Zitronenschalen durch, gib den Sago darein, legiere es mit dem Gelben von vier Eiern und richte die Suppe an.

26. Milchsuppe mit Biskuit. Man nimmt das Gelbe von sechs Eiern, rührt es mit Milch, Zucker, Canehl (Zimt) und Zitronenschalen ab, kocht es gar und richtet es mit Biskuit an.

27. Wassersuppe. Es wird ein Löffel voll Butter und Mehl genommen, mit dem Gelben von vier Eiern, Canehl und Zitronenschalen im Wasser gargekocht und angerichtet.

28. Schokoladensuppe. Man brennt einen Löffel voll Mehl ganz braun und trocken, dies rührt man an mit Zucker, Milch, drei Nelken, Canehl

(Zimtrinde) und Muskatblumen, kocht es gar und legiert es beim Anrichten mit dem Gelben von sechs Eiern.

29. Kalte Schale von Milch. Das Gelbe von acht Eiern nimmt man, rührt es mit Milch, Zucker, Canehl und Zitronenschalen an, rührt es auf dem Feuer, bis es gar ist, und rührt es wieder, bis es kalt ist. Dann gibt man gerieben Schwarzbrot darein und schickt es kalt zur Tafel.

30. Eine Schmand- oder Rohmkalteschale. Man nimmt gerieben Schwarzbrot, gestoßenen Canehl und Zucker, und rührt das mit gutem Schmand oder Rohm an.

31. Eine Kaisersuppe. Man kocht zwei Pfund Rindfleisch und zwei alte Hühner mit Salz, Sellerie, Petersilienwurzeln und Lorbeerblättern gar. Darauf werden die Hühner herausgenommen und von den Brüsten wird eine Farce und davon Klöße gemacht. Das Übrige von den Hühnern wird kurz gehackt, im Mörser gestoßen, mit Petersilienwurzeln, Sellerie und der zurückgeblieben Bouillon wieder aufgekocht, durch ein Haarsieb in einen Topf gerieben und das Fett abgeschöpft. Darein tut man hiernächst gehackte Petersilie, Kerbel und Portulak und lässt es darinnen garkochen. Nun schlägt man vier ganze Eier mit einem Orth Bouillon, mit ein wenig Salz und Muskatblumen in einem Topfe durch, setzt den Topf in eine Kasserolle mit kochendem Wasser, deckt sie zu und lässt es kochen, bis es Gallert wird. Die fertigen Klöße backt man, aber nicht zu harte, in Butter aus, legt sie auf Papier, dass das Fett ablaufe, und gibt sie nach diesem in die Suppe. Wenn die Suppe angerichtet wird; so nimmt man den Topf aus dem Wasser in der Kasserolle, sticht die Masse mit einem Löffel wie Butter aus und legt es auch in die Suppe.

Viertes Stück

Allerlei Arten von Gemüse

1. Farcierten weißen Kohl. Ein weißer Kohlkopf wird im Wasser und Salz halb gargekocht. Darauf hackt man das Inwendige mit gekochtem Schinken, einem Stück Kalbsbraten nebst den Nieren und talg klein. Man nimmt einen Löffel voll Butter, rührt diese mit dem Dotter von sechs Eiern und mit vier ganzen Eiern zu Schaum, nimmt hiernächst noch zwei Eier, gerieben Weißbrot, Muskatblumen und Salz und rühret es mit dem Erstern durch. Darauf überstreicht man eine Serviette mit Butter, nimmt den Kohlkopf, blättert ihn voneinander und gibt die Farce hinein. Hierauf legt man ihn wieder in seine Form zusammen, bindet ihn in der Serviette zu, lässt ihn anderthalb Stunden kochen, macht eine Sauce von Butter, Mehl, von vier Eierdottern, Muskatblumen und Bouillon und gießet diese beim Anrichten darüber.

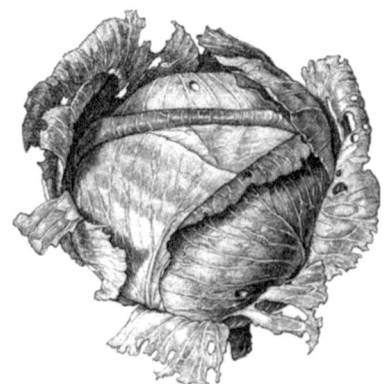

Weißkohl

2. Farcierten Kohl mager gekocht. Man hacke das beste Inwendige von etlichen Köpfen und koche es im Wasser gar. Hierauf rühre man einen Löffel voll Butter mit zehn Eiern zu Schaum. Den Kohl weiche man mit Weißbrot in Milch ein, trockene ihn wieder auf, gebe Muskatblumen und Salz dazu und rühre es wohl durcheinander. Darauf lege man die Kohlblätter in eine Serviette, gebe die ganze Masse hinein, lasse es drei Stunden kochen in Wasser und Salz und richte es an. Die Eiermilchsauce wird darüber gegossen oder auch nur beigegeben. Siehe Saucen Reg. 17 u. 18.

3. Farcierten Savoienkohl. Wenn der Savoienkohl ausgesucht und gewaschen ist; so kocht man ihn ab. Darauf macht man eine Farce von Kälberbraten, einem Rührei von vier Eiern, Muskatblumen, Butter, geriebener Semmel und zwei rohen Eiern, nimmt die Kohlblätter, faltet die Farce in Form darein und stößt sie mit Bouillon, Butter und Weißbrot durch.

4. Farcierten Salat. Dieser wird auf dieselbige Weise wie der Savoienkohl zugerichtet.

5. Farcierte Gurken. Man schält Gurken, nimmt die Kerne heraus, macht eine Farce von Rührei, ausgedrückter Semmel in Milch geweicht, zwei rohen Eiern, Muskatblumen und Butter, füllt die Gurken damit an, setzt sie a la Braise, lässt sie braun werden und richtet sie mit einer Coulligesauce an.

6. Farcierten Blumenkohl. Der Blumenkohl wird mit Wasser und Salz abgekocht, die Kohlköpfe werden darauf farciert, in Eiern umgekehrt, mit geriebenem Weißbrot bestreuet und in Butter ausgebacken.

7. Farcierte Wurzeln oder Möhren. Die Wurzeln werden rein gemacht, ausgebohrt, mit Farce wieder ausgefüllt, a la Braise gargekocht und mit einer Sauce angerichtet.

Anmerk. Weiße Rüben und Pastinaken werden auf die nämliche Art zubereitet.

Möhren oder Wurzeln

8. Farcierte Artischocken. Von Artischocken werden die Blätter halb abgeschnitten und mit Wasser und Salz gargekocht. Darauf wird das Inwendige herausgenommen und mit Farce wieder gefüllt. Nun werden sie entweder im Backofen gargebacken oder in einer Klare umgewendet und in heißer Butter ausgebacken. Sie können hernach mit einer gelben Sauce gegeben werden.

9. Blumenkohl zu kochen. Der Blumenkohl muss gereiniget und mit Wasser und Salz gargekocht werden. Darauf wird eine Sauce von Butter, dem Dotter von zwei Eiern, von Mehl, Muskatblumen und Milch gemacht. Die Sauce wird abgerührt, wenn der Blumenkohl eingerichtet ist, und so darüber gegossen.

Anmerk. Es kann auch Bouillon statt der Milch genommen werden, mit geriebenem Weißbrot, Butter und Muskatblumen.

10. Artischocken mit Sauce. Die Artischocken müssen abgekocht werden, bis sie weich sind. Darauf schneidet man das Stachlige ab, legt sie auf eine Schüssel und gibt eine Sauce darauf, die von Butter, dem gelben von zwei Eiern, Mehl, gehackter Petersilie und Bouillon gemacht und abgerührt worden ist.

Auch kann man eine gelbe Weinsauce darüber geben, die von Butter, ein wenig Mehl, Muskatblumen, Wein und Zucker gemacht und abgerührt ist. Siehe Saucen.

11. Zuckerwurzeln zu stoßen. Die Zuckerwurzeln müssen rein gemacht und in Stücke geschnitten werden. Darauf werden sie mit Butter, Bouillon, Muskatblumen, Salz und Zucker eine Viertelstunde gekocht, bis sie weich sind.

Zichorienwurzeln werden auf die nämliche Art abgestovet, sie müssen aber vorher abgekocht werden.

Haberwurzeln empfangen dieselbe Zurichtung wie die Zuckerwurzeln.

12. Junge Erbsen zu kochen. Wenn die jungen Erbsen ausgepflückt und abgewaschen sind; so tut man sie in eine Kasserolle mit Butter, ein wenig Salz und Zucker, lässt sie eine Stunde langsam stoven und wirft hernach, bei dem Anrichten, gehackte Petersilie darein.

13. Wurzeln (Möhren) zu kochen. Die Wurzeln werden fein geschnitten und mit Butter, ein wenig Salz und Zucker ohne Wasser gekocht. Es darf aber nur ein gelindes Feuer darunter erhalten werden. Bei dem Anrichten gibt man etwas Petersilie daran.

14. Vizebohnen (Schminkbohnen) mit Milch zu stoven. Die Bohnen müssen länglich geschnitten und im kochenden Wasser gargekocht werden. Hernach wird das Wasser abgegossen und die Bohnen werden mit Butter, ein wenig Mehl, gehackter Petersilie, Milch und Salz abgestovt.

15. Vizebohnen ohne Milch zu stoven. Wenn die Bohnen, wie oben, geschnitten und abgewaschen sind; so wirft man sie mit einem guten Stück Butter und ein wenig Salz in eine Kasserolle und lässt sie darinnen mit gehackter Petersilie so lange langsam kochen, bis sie gar sind.

16. Gestovter Portulak. Der Portulak muss im Wasser abgekocht werden, darauf wird er mit Butter und Bouillon durchgestovt und angerichtet.

17. Spinat zu kochen. Der Spinat muss abgekocht und feingehackt werden. Er wird hiernächst mit Milch, Butter, geriebenem Weißbrot, Muskatblumen und Salz durchgestovet. Darumber legt man geröstetes Weißbrot in Butter gebacken.

Anmerk. Statt der Milch kann man auch Bouillon nehmen.

Spinat

18. Savoienkohl zu stoven. Der Savoienkohl oder der grüne Wirsing oder der weiße Kohl muss in vier Stücke geschnitten und im Wasser abgekocht werden. Darauf wird das Wasser abgegossen und der Kohl wird mit Bouillon, Butter, geriebenem Weißbrot und Muskatblumen durchgestovet.

19. Rüben zu schmoren. Man schneidet die Rüben kleine, macht braune Butter in der Kasserolle, darin schmort man die Rüben braun und tut hernach geriebenen Zucker daran und ein wenig Jus.

20. Rüben braun zu kochen. Die Rüben werden eines Fingers Dicke in die Länge geschnitten und darauf in brauner Butter braun geschmort. Dann wird Jus darauf gegossen und so werden sie mit Zucker und Salz gargekocht.

21. Petersilienwurzeln zu stoven. Die Petersilienwurzeln müssen kleine geschnitten und mit Butter, Bouillon, gehackter Petersilie, Zucker und Salz gargekocht werden.

Auf diese Art werden auch weiße Wurzeln und Pastinaken gekocht.

22. Geschmorte Birnen. Die Birnen werden geschält, in brauner Butter gargeschmort und mit Zucker angerichtet.

23. Gestovte Äpfel. Die Äpfel werden geschält und in zwei Stücke geschnitten. Man kerbt sie ein wenig ein, schmiert Butter auf eine Schüssel, legt die halben Äpfel darauf,

Petersilienwurzel

gibt Wein darüber, Korinthen, gestoßenen Caneel (Zimt), Zucker und gerieben Weißbrot, setzt es in eine Tortenpfanne und lässt es braun werden.

24. Geschmorte Borstorferäpfel. Den Äpfeln werden die Blumen ausgestochen, sie werden in eine Kasserolle mit brauner Butter und etwas Zucker gelegt, mit einem Deckel bedeckt und dann wird ihnen unten und oben Feuer gegeben. Sind sie weich; so werden sie auf eine Schüssel mit Zucker angerichtet.

25. Kartoffeln zu kochen. Die Kartoffeln werden geschält, in Wasser und Salz gargekocht und dann mit Bouillon, Butter und gehackter Petersilie durchgestovt, oder es wird Butter, Senf und Essig darüber gegossen. Man gibt sie auch mit einer gelben Eiersauce nach Reg. 29, auch mit dicker Butter. Reg. 27.

26. Große Bohnen zu kochen. Wenn die Bohnen ausgepflückt und die Nägel abgenommen worden sind; so werden sie in Wasser gargekocht. Darauf wird das Wasser abgegossen und die Bohnen werden mit Butter, Petersilie und ein wenig Mehl abgestovt.

27. Kohlrabi gestovet. Der Kohlrabi wird geschnippelt, abgekocht und mit Butter, Bouillon und gehackter Petersilie gestovt.

Kohlrabi

28. Gestovte Endivien. Wenn die Endivien gelb sind; so müssen sie erst abgelesen und im Wasser abgekocht werden. Darauf werden sie mit Butter, Bouillon, geriebenem Weißbrot und Muskatblumen gestovt.

29. Gebackene Zuckerwurzeln. Die Zuckerwurzeln werden kleinegeschnitten. Darauf macht man eine Klare von Mehl, Milch, vier Eiern, ein wenig Muskatblumen und Salz und backt sie in Butter aus.

30. Sauerkohl mit Hecht. Der Sauerkohl wird in Butter gargekocht. Der Hecht wird in Stück zerschnitten und im Wasser gargekocht. Darauf muss man Butter mit Mehl braten und es mit süßem Rohm oder Milch kochen. Der Hecht wird abgegrätet und in die Sauce gelegt. Nun wird es schichtweise angerichtet. Erst eine Schicht Kohl, und dann eine Schicht Hecht, wieder Kohl, und wieder Hecht, und so fort, bis alles auf der Schüssel liegt. Der Hechtkopf wird auf die Mitte der Schüssel in Kohl gesteckt. Hierauf streut man geriebene Semmel und Zucker und macht die Schüssel im Backofen braun.

31. Kartoffeln mit einer gelben Sauce. Die Kartoffeln werden gekocht, geschält und abgewaschen. Nun werden sie in die gelbe Eiersauce – Regel 31 – getan, damit wieder gekocht und angerichtet. Beim Anrichten gibt man noch braune Butter darüber.

32. Eine Ullie zu kochen. Man nimmt Wurzeln, Pastinaken, Rüben, Sellerie, Petersilienwurzeln, Wirsing und Savoienkohl, reiniget und wäscht alles gut ab. Die gelben Wurzeln werden feingeschnippelt, die Pastinaken wie ein kleiner Finger lang und dick geschnitten, den Sellerie und die Petersilienwurzeln kann man schneiden, wie man will. Jedes wird vor sich alleine nach folgender Art gargekocht. Man setzt ein wenig Butter in einer Kasserolle auf das Feuer, lässt sie schmelzen, tut ein wenig Mehl dazu, rührt es durch, lässt es passieren, gibt Bouillon darauf, Salz und Lorbeerblätter, tut das gereinigte Gemüse darein und lässt es so kurz abkochen, als es möglich ist. Den weißen Kohl oder den Savoienkohl oder den Wirsing kocht man in ganzen Köpfen ab. Darauf legt man die Köpfe auf ein Brett, lässt sie ablaufen, schneidet sie kreuzweise durch, drückt sie aus, legt ein gut Stück Butter in eine Kasserolle mit etwas von fein geriebenem Semmel und Salz, legt den Kohl darauf, gießt Bouillon dazu und lässt es garkochen. An den Kohl kann man auch ein wenig ganzen Pfeffer tun. Ist dieses Gemüse nach dieser Vorschrift alles gar; so wird es nach der Schattierung angerichtet. Um das Gemüse legt man Koteletts oder Wurst.

33. Eine Ullie baterie. Erstlich kocht man das nämliche Gemüse ebenso wie oben. Ist das geschehen; so macht man eine gute Farce von Kalbfleisch. Darauf nimmt man, nach der Größe der Schüssel, eine Kasserolle und belegt den Boden und den Rand mit Speckscheiben. Die gargekochten

Gemüse legt man auf Durchschläge, damit die Sauce, worinnen es gekocht wurde, reine ablaufe. Nun wird das Gemüse nach Schattierung oder wechselweise eines guten Fingers Dicke auf den Speck in die Kasserolle gelegt. Zwischen das Gemüse macht man eine dünne Schicht von der Farce. Wenn man will; so kann man jedes Mal auf die Farce gargekochtes fleisch vom Rinde oder Hammel oder vom Schweine, auch wohl Würste, legen und dann wieder Gemüse und wieder Farce und so fort, bis die Kasserolle voll ist. Oben wird die Kasserolle mit Farce belegt und im Backofen alsdann gebacken. Soll es nun angerichtet werden, so kehrt man die Kasserolle auf einer Schüssel um, lässt das Fett so viel möglich ablaufen und gibt etwas gut Coulligesauce darüber. Die andere Sauce wird besonders dazugegeben. Um den Rand der Schüssel legt man Koteletts, auf die Ullie aber vier fein gespickte und gebratene Feldhühner. Diese Schüssel kann auch von Fischen gemacht werden.

Fünftes Stück

Vom Fleischwerk

* * *

Erste Abteilung

Vom Rindfleische

1. Rinderbrust zu kochen. Die Brust muss reine abgewaschen werden, darauf wird sie mit Wasser, Lorbeerblättern und Salz auf das Feuer gesetzt, wo man sie langsam garkochen lässt. Es wird Senf dazugegeben oder Meerrettich, der mit geriebenem Weißbrot und Bouillon gekocht wird.

2. Panierte Rinderbrust. Die Brust wird erstlich gargekocht und aus der Bouillon gezogen. Darauf nimmt man gerieben Brot, gestovenen Canehl (Zimt) und Zucker, mengt dieses gut durcheinander, streuet es fingerdick auf das Fleisch, lässt es im Backofen braun werden und bringt es mit einer Kirschen- oder Hagebuttensauce zu Tafel. Siehe Saucen Reg. 20 u. 21.

3. Rinderbrust aus dem Salpeter. Die Brust wird mit gestovenem und warmgemachten Salpeter tüchtig gerieben. Sie bleibt darauf acht Tage darin liegen, dass sie rot wird, und dann wird sie aus der Pekel gargekocht.

4. Rinderbrust mit jungen Wurzeln. Die jungen Wurzeln werden mit Butter, Bouillon und Petersilie gestovet. Ist nun das Rindfleisch gar; so wird es angerichtet und mit den jungen Wurzeln garniert. Ebenso auch mit Savoienkohl.

5. Rinderbrust mit einer Polnischen Sauce. Die Brust wird a la Braise gekocht, dass sie braune wird. Man tut darnächst ein wenig Mehl an die Sauce, dass sie rund wird, und beim Anrichten wird sie mit dickem Rohm legiert.

6. Bartholomäi Rindfleisch. Man nimmt eine Rinderbrust, macht die Knochen heraus und legt sie darauf 24 Stunden in Wein, Gewürze und Salz. Man nimmt sie wieder heraus, trocknet sie mit einer reinen Serviette ab, bestreut sie auf beiden Seiten mit Salz, Nelken und Muskatblumen, rollt sie alsdann auf, bewickelt sie mit Bindfaden und tut sie in eine Kasserolle mit Nierentalg, Wein, ein wenig Weinessig, Salz und Gewürze. Die Kasserolle macht man mit einem Teige zu und lässt es 24 Stunden auf einem kleinen Feuer stehen und gibt es hernach kalt auf.

7. Roulade von Rindfleisch. Die Kappen oder Haut so zwischen der Brust sitzt, müssen ganz lang und breit geschnitten, rein abgewaschen und auf einen reinen Tisch gelegt werden. Darauf nimmt man von zwölf Eiern das Gelbe, rote Rüben, Zitronenschalen, Gewürze, Salz und Speck, legt dieses fingerdick in das Fleisch, rollt es sodann auf, umwickelt es mit Bindfaden, lässt es im Wasser, Gewürzen und Salz garkochen und bringt es unter die Presse. Es wird kalt geschnitten und zur Tafel gegeben oder im Essig verwahrt.

8. Rollierte Rinderpanzen. Wenn die Panzen recht rein und weiß gemacht sind; so müssen sie auf einem Tische ganz lang und breit geschnitten werden. Darauf werden sie mit Salz, Pfeffer und Thymian bestreut, aufgerollt und mit Wasser und Salz gargekocht. Die Rollen werden in Essig verwahrt, und wenn sie sollen gebraucht werden, so schneidet man sie in Scheiben, lässt sie in Butter braten und gibt sie mit Apfelbrei auf.

9. Boeuf a la Mode. Man nimmt ein Stück Rindfleisch aus dem Innern des Hinterviertels und klopft es brav. Darauf nimmt man Speck, schneidet ihn fingerdick und bestreut ihn mit Salz und Gewürzen. In das Fleisch macht man hierauf Löcher mit einem Messer und steckt den Spieß darein. Nun legt man es in eine Kasserolle und lässt es mit Wasser, Lorbeerblättern, Gewürzen und Salz fünf bis sechs Stunden kochen. Die Kasserolle bleibt immer feste zugedeckt. Wenn es eingekocht und braune geschmort ist; so muss es umgewandt und das Fett abgegossen werden. Man nimmt dann eine Handvoll Mehl, rührt das mit Wasser oder Bouillon durch und lässt es in der Kasserolle durchkochen. In die Sauce tut man Zitronensaft und gießt sie beim Anrichten darüber.

10. Geschmort Rindfleisch. Ein mager Stück Rindfleisch wird gut geklopfet. Dann macht man in einer Kasserolle oder in einem Topfe braune Butter, legt das Fleisch darein mit Gewürzen, Lorbeerblättern und Rosmarin und lässt es garschmoren. Die Sauce wird durch ein Sieb gegossen und das Fett davon genommen.

11. Westfälischen Potthast. Das Rindfleisch muss in Stücke gehauen, reine gewaschen und abgeschäumt werden, dann wird es mit Salz, Lorbeerblättern und Pfeffer ganz kurz eingekocht. Man kann es auch mit Wurzeln (Möhren) oder Savoienkohl kochen.

12. Frikandeau von Rindfleisch. Man schneidet Scheiben von magern Rindfleische wie eine Hand breit, klopft sie mürbe, spickt sie mit Speck, bestreuet sie mit Gewürzen, Salz und Mehl, lässt sie in brauner Butter braune braisen, gießt dann Wasser darauf und lässt sie kochen, bis sie gar werden. Man legiert es endlich mit Zitronensaft und richtet es an.

13. Rinderklauen zu farcieren. Man muss von den Füßen, so weit das Haar sitzt, die Klauen abhauen, die man hiernächst abwäscht und zwölf Stunden kochen lässt. Darauf werden die Formen ganz rein abgemacht, das Fleisch wird von den Knochen genommen und mit Semmel, Nierentalg, Gewürzen, vier Eiern und Salz gehackt. Diese Farce wird wieder in die Klauen gefüllt und so im Backofen gargebacken. Man richtet sie mit einer braunen Coulligesauce und Zitronen an.

14. Rinderfüße auf dem Roste zu braten. Die Rinderfüße, wenn sie weich gekocht sind, werden in Butter umgewendet, mit Weißbrot bestreuet, auf dem Roste gebraten und mit Senfsauce gegeben. Siehe Saucen Reg. 26.

15. Rindermaul zum Ragout. Das Maul wird vorher gekocht, hernach in Stücke geschnitten und mit braunem Mehl, Korinthen, Zucker, Weinessig, Bouillon, Salz, Gewürzen und Zwiebeln gargekocht.

16. Ragout von Rinderpanzen. Die Panzen (Kaldaunen) werden klein und länglich geschnitten und mit Bouillon, Butter, gehackter Petersilie, Zitronen, Zwiebeln und Salz gargekocht.

17. Rinderzungen mit brauner Sauce. Wenn die Zunge gar ist, so wird sie in der Mitte durchgeschnitten und mit braunem Mehl, Rosinen, Korinthen, Zucker, Zitronen und feingeschnittenen Mandeln nach Geschmack gekocht und angerichtet.

18. Poupeton von Rinderzungen. Man nimmt eine gekochte Zunge, schneidet sie in Scheiben und macht eine braune Coulligesauce daran mit Zitronensaft, dass sie sauer wird. Darauf wird ein halbes Pfund Reis mit Milch dicke gekocht, wenn er gar und dicke ist, so schlägt man vier Eier noch heiß dazu und rührt es mit ein wenig Salz und Zucker durch. Davon wird um die Schüssel ein Rand gemacht, die Zunge mit der Sauce darein gegeben, mit Weißbrot bestreuet und im Backofen braune gebacken.

19. Ragout von Ochsengaumen. Das Inwendige vom Maul, wo die Zähne sitzen, muss kleingeschnitten werden, darauf wird es zum Ragout bereitet nach Gefallen braune oder weiß.

20. Rindermürbebraten mit Sauce. Die Mürbebraten (Lendenbraten) müssen fein wie Hasen gespickt und in die Braise gesetzt werden, dass sie braune werden. Sie werden hernach herausgenommen, es wird Mehl darin gerührt und dann Wasser oder Bouillon und Gurken oder Endivien mit den Sauce durchgekocht und mit Zitronensaft angerichtet.

21. Gespickte Rinderzungen. Die Zungen werden fein gespickt, am Spieße gargebraten und dann mit einer braunen Coulligesauce zur Tafel gegeben.

22. Rindfleisch a la Daube mit brauner Gallert. Ein braunes Stück Rindfleisch wird auf der verkehrten Seite wohl durchgespickt. Der Speck wird so lang und dicke geschnitten wie ein kleiner Finger und mit gestoßenen Nelken, Muskatblumen, mit gehacktem Thymian, Majoran und mit ein wenig Salz bestreuet. Darauf legt man das Fleisch in eine Kasserolle auf Speckscheiben, Rindertalg, Zwiebeln, Lorbeerblätter, Zitronenscheiben und etwas Weinessig, füllt es dann mit Wasser an und lässt es darinnen ganz garkochen. Zu Zeiten muss es umgekehrt werden, bis es zur Braise kommt. Ist die Couleur hoch genug; so nimmt man das Fleisch heraus und gießt das Fett ab. Darauf gießt man gute Bouillon zu der braunen Brühe mit vier Lot Hausblase und lässt es ganz weichkochen. Dieses gibt man durch ein Sieb in eine Kasserolle mit Zitronensaft, mit ein wenig Weinessig und Wein und lässt es wieder kochen. Man schlägt nun das Weiße von zwölf Eiern zum Schnee, gibt ihn zu der Gallert, lässt es damit ein paar Mal aufkochen und gießt es durch den Geleebeutel, bis es ganz klar ist. Das Fleisch legt man nun in eine Form, gießt die Gallert darauf und lässt es eine Nacht stehen. Wenn es angerichtet werden soll; so wird die Form in warm Wasser gehalten und das Fleisch alsdann umgekehrt auf die Schüssel gelegt. Darauf nimmt man drei Zitronen, schneidet sie in der Mitte durch, steckt auf die Spitzen Lorbeerblätter oder Orangenzweige oder sonst etwas Grünes und garniert es damit. Ebenso kann man es auch von Hirschkeulen geben. Dieses Gericht lässt sich auch in einer kalten Pastete, die in Schmalz gesetzt wird, zur Tafel geben.

Fünften Stücks zweite Abteilung

Vom Schweinefleisch

1. Schweineschinken mit rotem Weine gekocht. Man nimmt einen geräucherten Schinken, legt ihn vier Tage in Wasser, welches täglich abgegossen und mit frischem Wasser ersetzt wird. Darauf legt man einen halben Arm voll Heu in den Kessel, legt den Schinken darauf, lässt ihn mit Wasser und zwei Bouteillen rotem Wein fünf Stunden langsam kochen und richtet ihn an.

2. Schinken mit der Kruste. Man nehme einen frischen Schinken und koche ihn im Wasser und Salz gar. Nun mache man die Haut ab, menge kleingerieben Weißbrot mit Zucker und Canehl (Zimt) durch und streue dieses fingerdick über den Schinken. Man lasse ihn alsdann im Ofen braun werden und gebe ihn warm auf die Tafel, entweder mit einer Kirschsauce mit Wein und Zucker oder mit einer Hagebuttensauce. Siehe Saucen Reg. 20 u. 21.

3. Schweinefleisch mit Rosinen und Korinthen. Man nehme die Ohren, das Maul, die Füße, koche es gar und koche es wieder durch mit braunem Mehl, Essig, Zwiebeln, Zucker, Nelken, Lorbeerblättern, Rosinen, Korinthen und Zitronen, sodass die Sauce rund werde.

4. Schweinekopf wie einen wilden zu kochen. Man schneidet den Kopf vor dem Bauch ab und sengt ihn auf dem Feuer. Darauf wird er mit einer glühenden Schaufel glatt und schwarz gebrannt. Das Maul wird abgelöst und die Zunge herausgeschnitten. Nun wird der Kopf gargekocht im Wasser mit Salz, Wacholderbeeren, Pfeffer, Lorbeerblättern, Rosmarin und Weinessig. Er wird in der Pekel verwahrt, hernach mit Blumen bestreuet und auf einer Serviette kalt auf die Tafel gegeben.

5. Schweinesülze. Man nehme sechs Schweinefüße oder Schweineknie, acht Ohren, einen halben Kopf und koche dieses im Wasser mit Salz gar. Darauf schneide man dieses in kleine Stückchen, menge es mit Pfeffer, Nelken, Thymian und Salz durch, binde es in einer Serviette rund zu und lege es unter die Presse. Es wird alsdann in Essig verwahrt, in Scheiben geschnitten und zur Tafel gegeben.

6. Roulade von Spanferkeln. Wenn das Ferkel ganz reine gebrannt und ausgenommen ist; so wird die Schwarte abgenommen und alle Knochen werden aus dem Fleische geschnitten. Man legt darauf die Schwarte auf ein rein Brett und tut das Fleisch darein. Dazwischen legt man lange Striemen von weißem Speck und lange Schnittchen von roten Rüben. Nun werden acht Eier hartgekocht und das Gelbe davon wird in Stückchen mit Gewürzen darüber gestreut. Es wird darauf aufgerollt, in einer Serviette mit Bindfaden fest zugebunden, mit Salz und Gewürzen im Wasser gargekocht und unter die Presse gelegt. Man verwahret es im Essig und gibt es in Scheiben zur Tafel.

7. Schweinepotthast mit Rüben. Man hacket das Fleisch in Stücke und kocht es mit Salz und Wasser gar. Die Rüben werden in Würfel geschnitten und im Wasser abgekocht. Man nimmt ferner einen Löffel voll Butter, schwitzt sie mit ein wenig Mehl, gibt es mit Bouillon an die Rüben und das Schweinefleisch und lässt es mit gehackter Petersilie und Salz durchkochen. Auf ebendie Art kocht man auch Schweinepotthast mit weißem Kohl.

8. Galantine von Spanferkeln. Das Spanferkel wird in Stücke gehauen, wohl ausgezogen und abgewaschen. Man setzt es darauf mit frischem Wasser zum Feuer und blanchiert es. Die Bouillon gießt man alsdann durch ein Sieb und putzt das Fleisch ganz sauber aus. Nun gibt man in die durchgegossene Bouillon ganze Nelken, Muskatblumen, etwas Pfeffer, Lobeerblätter, sechs Zwiebeln, Salz und Weinessig. Darin wird das Fleisch gargekocht. Ist es das; so wird es abgesetzt, und wenn es meistenteils kalt ist, in die Forme getan mit dem gekochten Gewürze. Die Zwiebeln und Lorbeerblätter bleiben zurück. Zu der Bouillon gießt man alsdann noch starke Rindfleischbouillon, Zitronensaft, etwas Wein, vier Lot geklopfte Hausblase und lässt es ganz verkochen. Man schlägt darauf von zwölf Eiern das Weiße zum Schnee, lässt es damit klarkochen, gießt es durch einen Geleebeutel, gibt es über das Fleisch in die Forme und lässt es eine Nacht stehen. Wenn es angerichtet werden soll; so zieht man die Form durch heiß Wasser und legt es umgekehrt auf die Schüssel. Nun schneidet man endlich einige Zitronen entzwei, steckt Orangenzweige oder sonst Myrthen oder Buchsbaum auf die Spitzen und garniert die Schüssel damit.

Nach derselben Art können zahme und wilde Gänse und Enten, Puten, Kapaunen, junge Hühner, Kalbfleisch und Schweinefleisch gegeben werden. Auch kann es in kalten Pasteten zur Tafel kommen.

***

Fünften Stücks dritte Abteilung

Vom Kalbfleisch

1. Gespickte Kalbskeule, a la Chan d'Armee. Die Keule wird gespickt, dann legt man sie in eine Kasserolle mit einem halben Maß Wein, einem Stück rohen Schinken, Zwiebeln, Lorbeerblättern, Gewürzen und Salz. Darin lässt man sie zwei Stunden kochen, dass es Couleur gibt. Darauf wird das Gespickte umgekehrt, dass es auch braun wird, und dann nimmt man die Keule heraus. Man gießt nun das Fett ab, gibt eine halbe Handvoll Mehl mit Jus oder Bouillon daran und lässt es durchkochen. Dieses kocht man darauf in einer andern Kasserolle mit Zitronen, Hahnkämmen, Kälberbrissel, Hühnermagen und Leber zum Ragout und richtet es an. Darauf legt man die Keule und die Speckseite oben darüber. Nun nimmt man ein[1]

---

1   Glas, siehe Vorbereitung Reg. 27.

50

Glas von kräftiger Bouillon, worin kein Fett sein darf, kocht sie kurz ein, rührt es mit einem Löffel, bis es dicke wird, und streicht es endlich mit einem Pinsel auf den Speck.

2. Kalbskeule a la Creme. Die Keule muss gut a la Braise gesetzt werden. Wenn sie gar ist, legt man sie auf eine Schüssel. Nun wird eine Creme bereitet von dickem Schmand (Rohm), ein wenig Mehl und von vier Eierdottern. Dieses wird abgerührt, über die Keule gegossen, mit Weißbrot bestreuet und im Ofen braun gebacken. Dabei gibt man eine Coulligesauce.

3. Kalbskeule a la Braise. Die Keule wird fein gespickt und dann lässt man sie in einer Kasserolle zwei Stunden mit Speck, Zwiebeln, Lorbeerblättern, Salz, Gewürzen und ein wenig Bouillon braisen, bis sie gar und braun ist. Nun macht man eine Coulligesauce von Zitronensaft, gießt sie auf die Schüssel und legt die Keule darein.

4. Gespickte Frikandeau. Man schneidet von einer Hinterkeule vom Kalbe das Magere in handbreiten Stücken ab, klopft diese Stücke zuerst mit dem Hackmesser, spickt sie hierauf, legt sie in eine Kasserolle und lässt sie mit Bouillon, Salz und Zwiebeln zwei Stunden langsam kochen, sodass es einbräset, nun wendet man die Speckseite um, dass sie auch braun werde. Man macht endlich eine Sauerampfersauce, gibt sie in die Schüssel zuerst und legt hernach die Frikandeau darein. Siehe Saucen Reg. 24.

5. Braungespicktes Kalbfleisch. Das Fleisch wird eben, wie vorhin, gespickt und dann in Mehl umgewendet. Darauf macht man in einer Kasserolle braune Butter und lässt das Fleisch darin braun braten. Nun gießt man Bouillon darauf, tut ein Bündchen Thymian, Lorbeerblätter, Gewürze, Zitronen und Salz daran und lässt es zwei Stunden damit kochen. Nun wird es angerichtet und die Sauce durch ein Sieb darübergegossen.

6. Braungeklopftes Kalbfleisch. Man nehme mager Kalbfleisch, schneide es in Stücke, löse die Haut davon ab und klopfe es, dass es dünne werde. Man hacke es nun mit einem Messerrücken ein, kehre es im Mehl um und lasse es in der Butter braun braten, bis es sich ansetzt; man lasse es nun mit Wasser oder Bouillon, mit Zitronen, Gewürzen und Salz eine Stunde kochen, richte es darauf an und gebe die Sauce durch ein Sieb darüber.

7. Geklopfet Kalbfleisch weiß. Das Fleisch wird ebenso geschnitten und geklopft wie das vorhergehende. Nun nimmt man eine Kasserolle, tut Butter darein, legt das Fleisch mit geriebenem Brot schichtweise ein, lässt es mit ein wenig Wein, Zitronen und Zwiebeln garkochen und richtet es an.

8. Kalbfleisch mit Speck und Thymian. Die Kalbsbrust wird in Stücke gehauen, gewaschen und abgeschäumt. Dann schneidet man den Speck in kleine Würfel mit Mehl und gehacktem Thymian. Das wird alles an das Fleisch getan und mit Salz und Zwiebeln gargekocht.

9. Gekocht Kalbfleisch mit Kohlrabi. Das Kalbfleisch wird in Stücke gehauen und dann mit Butter, Salz, weißem Mehl, Muskatblumen, einem Bündchen Thymian und Lorbeerblättern gargekocht. Der Kohlrabi wird dann ordentlich geschnitten, abgekocht und auf das Fleisch getan.
Anmerk. Auf dieselbige Art kochet man Kalbfleisch mit Sellerie, Zuckerwurzeln, gefülltem Salat und Portulak.

10. Frikasseen vom Kalbfleische. Das Kalbfleisch wird in kleine Stücke geschnitten, abgewaschen, mit Butter einpassieret, mit Mehl bestreut und mit Wasser, Salz Lorbeerblättern und Thymian gargekocht. Darauf wird es mit dem Gelben von zwei Eiern, Weinessig, Wein und gehackter Petersilie garniert und angerichtet.

11. Kalbfleisch mit Kapern. Wenn das Kalbfleisch rein gewaschen und in Stücke gehauen ist; so mache man gebranntes braunes Mehl und lasse es darin mit Lorbeerblättern, Salz, Zwiebeln und Kapern durchkochen, dass es gar wird.

12. Hachee von Kalbsbraten. Man nimmt gebraten Kalbfleisch und hackt es ganz fein, dann tut man es in eine Kasserolle mit Butter, Zitronen, Wein, Korinthen und geriebenem Weißbrot und lässt es damit garkochen.

13. Hachee von Kälbergelünge. Das Gelünge wird im Wasser gargekocht, darauf feingehackt und im gebrannten braunen Mehle mit Weinessig, Zitronen, gehackten Zwiebeln, Salz und Korinthen wieder gargekocht.

14. Ragout von gebratenem Kalbfleisch. Man schneidet den Braten in Scheiben und kocht sie mit Bouillon, geriebenem Weißbrot, Zitronen, Muskatblumen, Zwiebeln und Lorbeerblättern gar.

15. Braun Ragout von Kalbsbraten. Der Braten wird in Scheiben geschnitten und dann mit braunem Mehl oder mit Coullige, Zwiebeln, Zitronen, Lorbeerblättern und Salz gargekocht.

16. Gemachte Morcheln von Kälbergelünge. Wenn das Gelünge gargekocht ist; so hacke man es mit Morcheln, Zwiebeln, Gewürzen, Salz, Butter, geriebenem Weißbrot und sechs Eiern fein und mache es zur Farce. Darauf wird ein Teich von Eierdottern ausgerührt und in drei Finger breite viereckige Scheiben geschnitten. Darauf rolle man die Scheiben auf einem Stocke auf, so dicke wie ein Pfeifenstiel, mache die Farce mit Eiern in der Facon einer Morchel über den Teig, bestreue es mit Weißbrot und gehackten Morcheln, backe es in heißer Butter und richte es auf einer Serviette an.

17. Frikasseen von Kalbskaldaunen. Wenn die Kaldaunen recht rein gemacht und abgewaschen sind; so werden sie abgekocht, darauf einpassiert, mit Butter, Mehl, Salz, Gewürzen und Bouillon gargekocht und dann mit dem Gelben von zwei Eiern, Wein, Weinessig und gehackter Petersilie legiert.

18. Meritons vom Kalbfleische. Man nimmt magere Stücke Kalbfleisch wie eine Hand breit und spicket sie. Darauf wird eine Kasserolle von mittler Größe rund umher mit Speck belegt, auf dieses legt man das Fleisch, sodass das Gespickte auf dem Speck zu liegen kommt, und bestreicht das Fleisch rundherum mit einer Farce. Man macht nun ein gutes Ragout von Kälberbrissel, Ohren, morcheln und Trüffeln, dieses wird auf das Fleisch in die Kasserolle getan; mit einer Farce oben zugemacht und anderthalb Stunden im Backofen gebacken. Wenn es nun gar ist; so kehrt man die Kasserolle um, nimmt den Speck ab und gibt eine gute Coulligesauce mit Zitronensaft darunter oder darüber.

19. Kalbstopf mit einer Sauce. Der Kopf wird im Wasser und Salz gargekocht. Darauf macht man die Sauce von braunem Mehl, Wein, Weinessig, Wasser, Zwiebeln, Lorbeerblättern, Zucker, Rosinen und Korinthen.

Nun werden die Knochen vom Kopfe genommen, die Zunge rein gemacht und die Sauce darauf gegeben.

20. Rouladen von Kalbfleisch. Man nehme mager Kalbfleisch, schneide es in Scheiben und klopfe es dünne. Dann schmiere man eine Farce darüber, rolle es auf, umwickle es mit Bindfaden, lege es in eine Kasserolle und lasse es zwei Stunden kochen mit Salz, Bouillon, Butter und Gewürzen, sodass es sich ansetze und braun werde. Nun nehme man es aus der Kasserolle, mache den Bindfaden ab, gieße das Fett ab, tue eine halbe Handvoll Mehl in die Kasserolle, gebe Bouillon oder Wasser darauf, lege die Rouladen darein, koche sie mit Zitronen durch und richte sie alsdann an.

21. Kalbfleisch in eigener Sauce. Die Kalbsbrust wird in Stücke gehauen, reine gewaschen und mit Wasser, Salz, Butter, einem Bündchen Thymian, Muskatblumen und geriebenem Weißbrot gargekocht.

22. Gefüllte Kälberbrust. Man nimmt eine große Kälberbrust, schneidet das Fleisch von den Rippen los und macht dann eine Farce von Kalbsbraten, Butter, Gewürzen, Zwiebeln, vier Eiern, Korinthen, geriebenem Weißbrot und Salz. Dieses macht man alles durch, füllt es in die Kalbsbrust, macht das Loch wieder zu, blanchiert es ab, spickt es, setzt es dann a la Braise und richtet es endlich mit einer Coulligesauce und Zitronen an.

23. Eine andere Art, die Brust zu füllen. Man nehme eine ungekochte Brust, hacke hiernächst Kapern, Nierentalg, Weißbrot, Gewürze, Salz, vier Eier und Zwiebeln, kleine, fülle die Brust damit, spicke sie, brate sie am Spieße gar und gebe sie mit einer Sardellensauce zur Tafel. Siehe Saucen Reg. 33.

24. Farcierte Kalbskoteletts. Die Koteletts werden erst zurechtgeschnitten und geklopft. Darauf beschmiert man sie mit einer Farce, bestreicht sie mit Eiern, dass es feste wird und macht sie mit einem Messer bunt. Nun nimmt man eine Kasserolle, belegt sie mit Speck, legt die Koteletts darein, tut noch Lorbeerblätter, Zwiebeln, Salz und ein wenig Wein daran und gibt der Kasserolle unten und oben Feuer. So muss es langsam braisen, dass die Koteletts gelbbraun werden, und dann richtet man sie mit einer Coulligesauce an.

25. Koteletts ausgebacken. Wenn die Koteletts geklopfet sind; so bestreue man sie mit Mehl, brate sie in brauner Butter braune und koche sie mit Bouillon, Salz, Gewürzen, Zwiebeln und Zitronen gar. Dann nehme man sie aus der Sauce, kehre sie in Eiern um, bestreue sie dicke mit Weißbrot und backe sie in Butter aus. Darauf gieße man die Sauce, worinnen die Koteletts gargekocht wurden, durch ein Sieb und lege die Koteletts oben darein.

26. Koteletts auf dem Roste gebraten. Wenn sie zurechtgeschnitten und geklopft sind; so kehre man sie in Butter um, bestreue sie mit Weißbrot, Salz und gehackter Petersilie und lasse sie auf dem Roste über kohlen garbraten. Man kann sie zum Gemüse, aber auch mit einer Sauce geben.

27. Grillade von Kalbfleisch. Man kocht eine Brust mit Wasser, Zwiebeln und Salz gar, alsdann kehrt man sie in Butter und Eiern um, bestreut sie mit Weißbrot und lässt sie auf dem Roste braun braten. Man gibt eine Kapersauce darunter.

28. Kalbfleisch mit Petersilienwurzeln und Rosinen. Die Kalbsbrust wird in Stücke gehauen, rein abgewaschen, blanchiert und dann auf das Feuer gesetzt mit Salz, Lorbeerblättern, einem Bündchen Thymian, Butter, Petersilienwurzeln und Rosinen. Wenn es bald gar ist; so tut man ein wenig fein Mehl daran, lässt es damit durchkochen und richtet es an.

29. Farcierten Kalbskopf. Wenn der Kopf im Wasser und Salze gargekocht ist; so muss das Fleisch von den Knochen gemacht werden. Der Knochen über der Gehirnschale wird dann weggebrochen, dass das Gehirn los ist. Nun macht man das Fleisch zur Farce mit Zwiebeln, Thymian, Butter, vier Eiern, Salz, Gewürzen und geriebenem Weißbrot, macht die Knochen mit der Farce wieder an den Kopf, damit er die Facon wiedererhält, macht es mit einem Messer bunt und lässt es im Backofen braun backen. Es wird mit einer Coullige oder mit einer braunen Weinsauce angerichtet.

30. Kalbskopf mit einer Specksauce. Der Kopf wird mit Wasser und Salz gargekocht. Darauf schneidet man den Speck in Würfel und lässt ihn gelbe braten mit einem Löffel voll Mehl, Zitronen, Bouillon, Gewürzen,

Zwiebeln und Salz. Nun wird dem Kopfe die Gehirnschale abgenommen, die Zunge rein gemacht und daraufgelegt.

31. Kalbfleisch mit Krebsen. Die Kalbsbrust wird rein gemacht und mit Wasser, Salz, Gewürzen, einem Bündchen Thymian und Zitronen gekocht. Nun werden die Krebse im Wasser und Salz abgekocht und die Schalen von den Schwänzen abgemacht. Die Scheren lässt man sitzen. Die abgefallenen Schalen werden in Butter gestoßen und in einer Kasserolle rot gebraten. Darauf gießt man Wasser daran, nimmt die Butter davon, schwitzt sie mit einem Löffel voll Mehl durch und tut es mit den ausgeschälten Krebsen an das Kalbfleisch. Man lässt es so durchkochen, legiert es mit Zitronensaft und dem Gelben von zwei Eiern und richtet es an.

32. Poupetons von Kalbsfüßen. Die Füße werden gargekocht im Wasser und Salz. Dann schwitzt man Butter mit einem Löffel voll Mehl, darein tut man die Füße mit Milch und lässt die durchkochen. Man nimmt darauf eine Farce von Kalbsbraten, legt sie um die Schüssel wie einen Rand, tut die Kalbsfüße mit der Sauce darein, bestreut es mit Weißbrot und lässt es im Backofen braun backen.

33. Pudding von Kalbsfüßen. Wenn die Füße mit Wasser und Salz gargekocht sind; so macht man die Knochen alle heraus und schneidet das Fleisch in kleine Stückchen. Man weicht darauf für zwei mgr. Weißbrot in Milch ein und rührt ein halb Pfund Butter, mit acht ganzen Eiern, Zucker und Muskatblumen zum Schaum. Darauf wird das Weißbrot ausgerungen, mit dem geschnittenen Fleisch und großen Rosinen durch die Butter gerührt, alles in eine mit Butter beschmierte Serviette getan, gut zugebunden und zwei Stunden mit Wasser oder Bouillon gekocht. Dazu wird eine Sauce abgerührt von einem Löffel voll Butter, ein wenig Mehl, dem Gelben von drei Eiern, Bouillon und Muskatblumen. Der Pudding wird auf einer Schüssel angerichtet und die Sauce darübergegeben.

34. Gebratene Kalbsleber. Eine große Leber wird fein gespickt und am Spieße gargebraten. Man macht danach eine Sauce von Wein, Rosinen, Zitronen, Zucker und Canehl (Zimt). Diese wird erst auf die Schüssel gegeben und die Leber darein gelegt.

35. Eine englische Sülze von Kalbsfüßen. Es werden zwölf Füße, sechs Zungen und zwölf Ohren mit Wasser, Salz und Lorbeerblättern gargekocht und klein, wie zum Ragout, geschnitten. Darauf legt man eine Kasserolle aus mit Zitronen, sechs gekochten harten Eiern, Gewürzen, Salz, Zwiebeln und roten Rüben, oder es wird eine Forme mit gehackter Petersilie, gehacktem Eierdotter und roten Rüben ganz bunt ausgelegt. Das Ragout, wenn es überschlagen ist, wird darauf in die breite Form oder Kasserolle getan, dass es darinnen kalt wird. Dann wird die Sülze, wenn die Form vorher warm gemacht ist, herausgenommen, angerichtet und mit Petersilie garniert.

36. Frikassee von Kalbsfüßen. Die Füße werden gargekocht, die großen Knochen herausgenommen, das Fleisch in kleine Stückchen zerschnitten, mit Butter einpassiert und mit Mehl, Bouillon, Zwiebeln, Salz, Gewürzen und gehackter Petersilie gargekocht und mit dem Gelben von zwei Eiern und Weinessig legiert.

* * *

Fünften Stücks vierte Abteilung

Vom Hammel- und Lammfleisch

1. Roulade vom Hammelfleisch. Man nehme eine Keule, schneide das Fleisch davon in breite Stücke, klopfe es ganz dünner und mache sodann eine Farce von gehacktem oder gebratenem Kalb- oder Hammelfleisch. Diese schmiert man dünne auf das Fleisch, rollt es dann auf, umwickelt es mit Bindfaden, setzt es in die Braise und lässt es garkochen, sodass es sich ansetzt und braun wird. Man nimmt es hierauf heraus, macht den Bindfaden ab und legt es in eine andere Kasserolle, das Fett, worinnen es gekocht, wird abgegossen und dann lässt man es mit einem Löffel voll Mehl und Bouillon wieder durchkochen. Die Sauce wird durch ein Sieb zu den Rouladen getan und dann lässt man sie endlich mit Zitronen wieder durchkochen.

2. Eine gerillte Hammelbrust. Die Brust muss mit Wasser und Salz gargekocht werden. Darauf schlägt man geschmolzene Butter mit zwei Eiern durch, damit wird die Brust bestrichen, mit geriebenem Weißbrot bestreuet und auf dem Roste gebraten. Man gibt eine braune Sauce mit Essig und Zwiebeln darunter.

3. Hammelfleisch mit Sauerampfer. Die Hammelbrust muss mit Salz, Butter, Lorbeerblättern, Zwiebel und Wasser gargekocht werden, sodass sie braun wird. Dann gibt man eine Sauce von Sauerampfer darunter. Siehe Saucen Reg. 24.

4. Hammelkeulen mit Gurken a la Braise. Wenn die Hammelkeule geklopft ist; so wird sie a la Braise mit Speck, Salz, Gewürzen, Zwiebeln und Wasser langsam gargekocht, sodass die Keule einkocht und braun wird. man nimmt nun die Keule heraus, gießt das Fett ab, gibt eine Handvoll Mehl und Wasser oder Bouillon darein, diese Sauce lässt man durch ein Sieb laufen, legt die Keule darein und richtet sie mit Zitronensaft an, und gibt frische oder eingemachte Gurken dabei.

5. Hammelkeule a la Daube. Man nimmt eine große Hammelkeule, klopft sie recht gut, wäscht und blanchiert sie wohl und lässt sie mit Wasser, Salz, Weinessig, Zitronen, Zwiebeln, Lorbeerblättern und Rosmarin garkochen. Sie wird in der Sause verwahrt und kalt gegessen.

6. Carree vom Hammelfleisch. Das Fleisch wird von dem Vorderviertel an den Rücken wie die Karbonaden gehauen, dann plattgeklopfet, die

Haut abgeschnitten, das magere Fleisch gespickt und a la Braise gesetzt. Es wird mit einer braunen Sauce mit Endivien oder Gurken zur Tafel gegeben.

7. Hammelfleisch mit Kümmel. Man hacket das Hammelfleisch in Stücke und kocht es mit braungebratenem Mehle, Zwiebeln, kleingestoßenem Kümmel, Weinessig, Lorbeerblättern und Salz gar.

8. Farcierte Hammel- oder Lammsbrüste. Die Brüste werden erst gargekocht, darauf macht man eine Farce von gekochtem Fleische darüber, schmiert es mit Eiern glatt, macht es mit einem Messer bunt, lässt es im Backofen mit Butter braune backen und richtet es mit einer Kirschsauce an. Siehe Saucen Reg. 21.

9. Marinierte Lämmerfüße. Die Lämmerfüße weren mit halb Essig und Wasser, mit Zwiebeln, Lorbeerblättern, Pfeffer und Salz gargekocht, darauf werden sie herausgezogen, in Eiern umgewendet, mit Weißbrot bestreuet, aus heißer Butter mit grüner Petersilie gebacken und garniert.

10. Lämmerzungen oder Hammelschwänze zu Ragout. Diese werden mit brauner Coulligesauce mit Zitronensaft legiert und zurechtgemacht wie ein ordinär Ragout. So auch zu Poupetons werden die Ränder von Farce gemacht und alsdann gebacken.

11. Ein Ballon von Hammelfleische. Man nimmt einen Hammelbraten, löst die Knochen aus und schneidet das Fleisch so von der Haut, dass es eines kleinen Fingers dicke noch auf derselben sitzen bleibt. Von dem ausgeschnittenen Fleische macht man eine gute Farce, füllt sie wieder in die Hammelkeule, nähet sie zu und gibt ihr die ordentliche Form einer Keule. Darauf legt man in eine Kasserolle Speckscheiben, Hammeltalg, Zwiebel, Lorbeerblätter, gelbe Wurzeln, Petersilienwurzeln und Sellerie, über dieses legt man die gefüllte Hammelkeule, ein Stück Butter, etwas Salz und gießt Wein, ein wenig Weinessig und etwas Wasser darauf. Man setzt es so auch das Feuer, lässt es kochen, bis es zur Bräse kommt und eine braune Couleur bekommt. Nun wird die Keule herausgenommen und das Fett abgegossen. Auf die braune Sauce tut man nun etwas Mehl, rührt es durch, gießt so viel Bouillon dazu, als man Sauce nötig hat, lässt es in der Kasserolle durchkochen und gibt es durch ein Sieb. Endlich wird der Faden aus der Keule gezogen, sie selbst auf die Schüssel gelegt und die Sauce darüber gegeben. Das kann man auch von Lammkeulen ebengleich tun.

Anmerk. Zu der Sauce kann man auch noch Zitronen, ein Stückchen Schinken, Morcheln, Trüffel, Kapern, Sardellen, auch Kastanien gebrauchen.

Sechstes Stück

Von allerlei Wild zu kochen

1. Hirschzimmer zu kochen mit der Kruste. Man hauet das Hinter-zimmer so weit das Schloss geht ab, wäscht es reine, legt es in eine Serviet-te mit breiten Speckscheiben, bindet es feste zu und kocht es mit Wasser, Salz, Zwiebeln, Lorbeerblättern, Rosmarin, Nelken und Pfeffer gar. Dann wird es paniert mit geriebenem Zucker, Canehl und geriebenem Roggen-brot. Es wird nämlich aus der Serviette auf eine Schüssel gelegt, mit Eiern überstrichen, mit dem geriebenem Zucker, Canehl und Brot fingerdicke überlegt und im Ofen braun gebacken. Man gibt eine Kirschsauce darun-ter von Wein, Zucker und Canehl. Siehe Saucen Reg. 21.

2. Schweinezimmer mit der Kruste. Dies geschieht ganz nach der Zubereitungsart des Hirschzimmers. Auch mit Kirschsauce.

3. Frisch Wildbret mit Wacholderbeeren. Die Brust oder das Blatt von dem Wild wird in Stücke gehauen, reine gewaschen und gargekocht mit Wasser, Essig, Salz, Lorbeerblättern, Zwiebeln, gestoßenen Wacholderbeeren, braunem Mehl, Zitronen, ein wenig Zucker und Nelken, dass die Sauce rund wird.

4. Frisch Wildbret a la Braise. Es wird eine Keule mit grobem Speck, Salz, Nelken und Pfeffer durchgezogen, dann in eine Kasserolle mit Speck, Butter, Bouillon, Essig, Salz, Zwiebeln und Gewürzen gelegt, das lässt man mit der Keule kurz und langsam einkochen. Wenn die eine Seite braun ist; so wird es umgekehrt, dass die andere auch braun werde. Man gießt nun das Fett ab, tut eine Handvoll Mehl und Bouillon dazu, lässt es wieder durchkochen und gibt es durch ein Sieb über die Keule.

5. Gespickte Frikandeau von Hirschfleisch. Man schneidet aus der Hirschkeule Stücke, wie eine Hand breit und lang, klopfet sie und spickt sie fein. Darauf werden sie in Mehl umgewendet, in brauner Butter braun gebraten und in Bouillon mit Salz, Zitronen, Zwiebeln und Gewürzen vollends gargekocht.

6. Ragout von Hirschohren, Zungen und Maul. Hier kochet man erstlich alles gar, dann werden die Häute und die Haare davongemacht, kleine geschnitten und zu einem braunen Ragout mit Essig, Rosinen, Korinthen, Zitronen, Zucker und braunem Mehl weiter bereitet.

7. Wild Schweinefleisch mit Johannisbeerensauce. Das Fleisch nimmt man von der Brust, schneidet es in Stücke und kocht es gar mit Wasser. Die Sauce kocht man von Essig, Zwiebeln, Zucker, braunem Mehl, Johannisbeersaft, Salz und Lorbeerblättern, sodass es rund wird.

8. Wilde Schweinekeulen mit brauner Sauce. Die Keule bleibt ganz und wird gargekocht mit Wasser, Essig, Salz, Zitronen, Zwiebeln, Wacholderbeeren, braunem Mehl, Zucker und Nelken. Die Sauce lässt man rund kochen und richtet es an.

9. Wilden Schweinekopf zu kochen. Wenn der Kopf ganz schwarz und glatt gebrannt ist; so löset man das Maul von den Knochen, schneidet die Zunge heraus und kocht ihn gar mit Wasser, Essig, Wein, Wacholderbeeren, Lorbeerblättern, viel Salz und Gewürzen. Er wird kalt zur Tafel gegeben und kann lange verwahret werden, wenn er allemal wieder in die Sauce gelegt wird.

10. Wild Schweinefleisch zu räuchern. Man nehme das Schwein und brenne es auf dem Feuer recht schwarz. Darauf wird es zu Schinken und andern Räucherstücken geschnitten, mit Salz und Salpeter eingesalzen, zehn Tage darinnen gelassen, dann in Rauch gehängt und wie ander Fleisch, halb Wind und halb rauch, geräuchert.

11. Gemarterten Hasen. Wenn der Hase abgestreift und die Häute rein abgeschnitten sind; so wird das Fleisch von den Knochen abgelöst und gehackt mit recht gutem Speck, Zwiebeln, Gewürzen, Salz, gehackten Kapern, Zitronenschalen, ein wenig geriebenem Weißbrot und dem Gelben von zwei Eiern, das wird hierauf wieder auf den Hasen gelegt in seiner Facon und im Backofen gargebacken. Man gibt Speck darunter und deckt es oben mit Papier zu. Wenn nun der hase gar ist; so gibt man eine gute Kapersauce darüber.

Hase

12. Farcierten Hasen. Man nimmt einen gebratenen Hasen, schneidet das Fleisch davon und hackt es zur Farce mit vier gerührten Eiern, zwei rohen Eiern, mit Butter, geriebener Semmel, Gewürzen und Salz. Wenn es gut durchgehackt ist; so wird es wieder auf das Gerippe gemacht und im Backofen gargebacken. Beim Anrichten wird eine Kirschsauce darübergegossen. Siehe Saucen Reg. 21.

13. Roulade von Hasen. Das Fleisch muss in länglichen Stücken von dem Hasen abgeschnitten und geklopfet werden. Darauf wird es dünne mit Farce beschmiert, aufgerollt, mit Bindfaden bewickelt, a la Braise gargekocht und mit einer braunen Sauce und Zitronen angerichtet.

14. Sülze von Hasen. Man schneidet die Haut ab, löset das Fleisch von den Knochen ab und hackt es fein mit Gewürzen, Salz und Zwiebeln. Nun wird ein Pfund von gutem weißem Speck in Würfel geschnitten, diese werden mit dem gehackten Fleische gut durchgemengt und in einen runden Ball gedrückt. Darauf nimmt man eine kleine Kasserolle, belegt sie rundherum mit Speck, drückt das gehackte Fleisch feste darauf, legt es oben wieder mit Speck zu und setzt es so in den Backofen. Hat es zwei Stunden gebraiset; so muss es alsdann in der Kasserolle kalt werden. Den Speck und das Fett schneidet man hierauf ab, und verwahret es wie andere Sülze im Essig. Will man es zur Tafel geben; so wird es in Scheiben geschnitten.

15. Ein Kuchen von Hasen. Erst wird das Fleisch vom Hasen geschnitten und gehackt. Darauf wird ein halb Pfund Butter zum Schaum gerührt mit sechs Eierdottern. Darein tut man das gehackte Fleisch und eingeweicht Brot, nachdem es aus der Milch ausgedrückt ist. Das Weiße von den Eiern wird zum Schnee geschlagen und auch dazu gerührt mit Zitronenschalen, Gewürzen, Zwiebeln und ein wenig Salz. Ist es nun alles gut durchgerührt; so wird es in einer Form gebacken und dann mit einer Couilligesauce und Zitronensaft angerichtet. Man kann den Kuchen auch mit Wein, Zitronen, Canehl und Zucker begießen, oder mit roter Weinsauce geben.

16. Hasenpfeffer. Der Hase wird in Stücke gehackt, die Häute werden davon geschnitten, und dann gekocht mit braunem Mehl, Zwiebeln, Lorbeerblättern, Pfeffer, Essig, Salz und ein wenig Zucker. Das lässt man einkochen, dass die Sauce rund wird und richtet es alsdann an.

17. Ein andrer Kuchen von Hasen. Man nimmt Hasenfleisch, Hammelfleisch, ein Stück Kalbsfleisch, ein halb Pfund Schinken, ein halb Pfund Speck, Zwiebeln, Gewürze, Salz und einen Orth Wein. Das alles legt man in eine Kasserolle und lässt es gar und ganz trocken einkochen. Darauf wird es mit fett ganz feingehackt, wieder warmgemacht, in die Facon eines Hasens oder eines Schinkens gebracht, a la Daube garniert und kalt zur Tafel gegeben.

Anmerk. Von Kaninchen können eben die Schüsseln wie von Hasen bereitet werden.

18. Eine Hirschkeule a la Daube mit brauner Gallert. Dieses Gerichte wird geradeso bereitet wie Rindfleisch a la Daube mit brauner Gallert. Wo es unter Reg. 23 zu ersehen.

Siebentes Stück

Von allerlei Federwild zu kochen

1. Krammetsvögel mit Wacholderbeersauce. Wenn die Vögel rein-gemacht und ausgenommen sind; so werden die Lebern mit Butter, einem Ei, Weißbrot, Salz und Gewürzen gehackt und wieder in die Vögel gefüllt, die darauf mit braunem Mehl, Zitronensaft, Salz, gestoßenen Wacholder-beeren und Zwiebeln gargekocht werden.

Krammetsvogel

2. Farcierte Krammetsvögel. Wenn sie gereiniget und eingebogen sind; so werden sie gargebraten. Man schneidet darauf das Fleisch von den Brüsten, hackt es zur Farce, legt sie über die Vögel und lässt es a la Braise garbacken. Sie werden zuletzt mit einer Coullige- oder Weinsauce ange-richtet. Siehe Einleitung Reg. 11.

3. Krammetsvögel mit Korinthensauce. Die Vögel werden gereiniget und dann kurz eingekocht mit braunem Mehl, Lorbeerblättern, Korinthen, Zucker, Zitronen, Zwiebeln, gewürzen, Weinessig und Salz.

Anmerk. Andere Arten von Vögeln werden ebenso gekocht: als Meisen, Buchfinken, Lerchen, Wachteln, Feldhühner, Schnepfen, Bekassinen, Tüten, Haselhühner, Trappen, Kraniche, Fasane und Berghühner.

4. Eine Bauchstange von gebratenen Feldhühnern, Tüten, Berghühnern oder Fasanen. Wenn die Hühner gebraten sind; so wird das Fleisch von den Brüsten geschnitten und feingehackt. Die Knochen werden alsdann im Mörser kleine gestoßen, mit Coullige und Jus durchgekocht, durch ein Haartuch getrieben und auf eine Schüssel getan, um die vorher ein Rand gemacht und die mit Butter inwendig beschmiert wurde. Darauf tut man dann auch das gehackte Fleisch und Pistazien, mit Gewürzen, Salz und Zitronensaft, bestreut es mit geriebenem Weißbrot, lässt es auf der Schüssel garbacken und gibt beim Anrichten eine Sauce darüber von Wein, Jus, Zitronensaft und Zucker. Mit den Köpfen und Füßen wird die Schüssel garniert.

5. Lerchen oder andere Vögel zu marinieren. Wenn die Vögel reine sind; so schwitzt man sie ein wenig in Butter, legt sie eine Nacht in Essig, Salz, Zwiebeln und Gewürze, kehrt sie dann in Eiern um, bestreut sie mit geriebener Semmel und lässt sie endlich in Butter ausbacken.

6. Eine wilde Gans mit Sauce. Wenn die Gans rein ist; so muss sie a la Braise gekocht und dann mit einer guten Coulligesauce und Zitronen angerichtet werden.

7. Farcierte wilde Gans. Die Gans wird erst gebraten, dann schneidet man das Fleisch von der Brust, hackt es ganz fein mit Kapern, Butter, Nierentalg, vier Eiern, Semmel, Gewürzen, Salz und Zwiebeln, macht es wieder auf die Gans, lässt es im Backofen garbacken und richtet es mit einer Coulligesauce an.

8. Gänsepfeffer von wilden Gänsen. Dieser wird auf dieselbe Art bereitet wie von zahmen Gänsen. Ebenso auch die Grillladen.

9. Wilde Enten zu bereiten. Auch diese weren gerade wie die zahmen gekocht und zurechtgemacht. Man kann sie auch farcieren und mit einer Kirschensauce geben.

Wildente

10. Wie man kleine Vögel einmachen und verwahren kann; als Krammetsvögel, Wasserschnepfen, Tüten, Lerchen, Meisen und auch Feldhühner und Schnepfen. Die Vögel werden ausgenommen, inwendig mit gehacktem Speck, Salz, Wacholderbeeren und Pfeffer gefüllt und am Spieße halb gargebraten. Wenn sie kalt sind; so tut man sie in einen Topf, bestreut sie mit ein wenig Salz und Pfeffer, gießt sie mit geschmolzener Butter zu und bedeckt sie. Wenn sie sollen gebraucht werden; so muss man sie abwaschen, mit frischer Butter begießen und am Spieße wieder braten oder mit Sauce kochen lassen.

11. Vögel auf andere Art zu verwahren. Die Vögel müssen ausgenommen, eingemacht und in brauner Butter gebraten werden. Darauf lässt man Salz, Wacholderbeeren, Lorbeerblätter und Pfeffer in Essig aufkochen und wenn es wieder kalt ist; so wird es über die Vögel in einen Topf gegossen. Das gießt man wieder zu mit Talg und verwahrt es. Vor dem Gebrauch müssen sie im warmen Wasser abgewaschen werden.

12. Aspizen von Feldhühnern und Fasanen. Sie werden geradeso wie die jungen Hühner und Kapaunen zugerichtet. Die Vorschrift findet man in dem Artikel von jungen Hühnern und Kapaunen Reg. 19.

Fasane

Achtes Stück

Von jungen Hühnern und Kapaunen

1. Junge Hühner mit einer englischen Sauce. Die Hühner müssen Abends vorher abgeschlachtet, gepflückt, reingemacht und dann zu seiner Zeit am Spieße gebraten werden. Dazu rührt man eine Sauce ab, von Butter, ein wenig Mehl, drei Eierdottern, Muskatblumen, Zitronen, Wein, Bouillon, Zwiebeln und Lorbeerblättern. Diese Sauce wird auf eine Schüssel gegeben und die Hühner oder Kapaunen werden darauf angerichtet. Hiernächst werden vier hartgekochte Eierdotter gehackt, gewürfeltes Weißbrot in Butter gelbbraun gebacken, Zitronenschale in Würfel geschnitten und damit wird die Schüssel wechselweise garniert.

2. Junge Hühner mit Klümpchen oder Nudeln. Wenn die Hühner reingemacht und blanchiert sind; so werden sie mit Butter und Mehl einpassiert und mit Bouillon, Salz, einem Bündchen Thymian und Lorbeerblättern gargekocht. Darauf nimmt man einen Löffel voll Butter, rührt sie mit zwei Eiern zu Schaum, tut gerieben Weißbrot, Muskatblumen und ein wenig Rohm dazu, rührt es wohl durch, sticht es mit einem Löffel als kleine Klümpchen aus, lässt es eine Viertelstunde kochen und richtet es an.

3. Junge Hühner mit Portulak, Salat oder Majoran. Die jungen Hühner werden des Abends vorher abgeschlachtet, reingemacht, blanchiert und eingebogen. Darauf werden sie einpassiert und mit Butter, Mehl, Gewürzen, Salz und Majoran oder mit abgekochtem Salat oder Portulak kurz und weiß abgekocht.

4. Farcierte junge Hühner. Die Hühner werden erst gebraten. Man nimmt darauf das Fleisch von der Brust, und wenn es mit vier gerührten und zwei rohen Eiern, Butter, geriebendem Weißbrot, Salz und Gewürzen kleingehackt ist; so wird es als Farce wieder auf die Hühner gemacht. Diese nun setzt man a la Braise, gibt unten und oben Feuer, dass sie garbacken, und gibt sie mit Coullige- oder Kirschensauce zur Tafel. Siehe Einleitung Reg. 11 und Saucen Reg. 21.

5. Junge Hühner a la Basilikum. Wenn die Hühner reingemacht sind; so werden sie mit Butter einpassiert und gargekocht mit gehacktem Basilikum, Gewürzen, Bouillon und Salz. Darauf nimmt man sie aus der Sauce, schlägt vier gehackte Eier mit gehacktem Basilikum klein, kehrt die Hühner in den Eiern um, bestreuet sie stark mit geriebenem Weißbrot und lässt sie in heißer Butter ausbacken. Die Sauce, worin sie gekocht wurden, gibt man nun in eine Schüssel und richtet die Hühner darauf an.

6. Gefüllte Hühner. Wenn die Hühner recht rein sind; so werden die Knochen herausgenommen. Man macht darauf eine Farce von Hühnerlebern, etwas Hühnerfleisch, Butter, Gewürzen, gehackter Petersilie, Zwiebeln, drei ganzen Eiern und Weißbrot, macht die Rücken der Hühner auf, füllt sie mit der Farce aus, nähet sie wieder zu und lässt sie a la Braise garkochen. Sie werden zuletzt mit einer Coulligesauce und Zitronen angerichtet.

7. Junge Hühner mit Petersilienwurzeln und Rosinen. Wenn die Hühner reingemacht und blanchiert sind; so werden sie mit Butter, Salz, einem Bündchen Thymian, Lorbeerblättern, Muskatblumen, Petersilienwurzeln und großen Rosinen gargekocht. In die Sauce tut man ein wenig Mehl, dass sie rund werde. Alte Hühner oder Kapaunen werden auf dieselbige Art zubereitet.

8. Kapaunen mit einer Sardellensauce. Die Kapaunen werden reingemacht, mit Speck und Papier bewickelt und am Spieß anderthalb Stunden weiß gebraten. Man grätet alsdann die Sardellen ab, hackt sie ganz fein und tut sie zu der Sauce mit einem Löffel voll Butter, Mehl, mit dem Gelben von drei Eiern, mit Wein, Zitronen, Zwiebeln, Lorbeerblättern und Bouillon. Man rühre diese Sauce ab und tut sie unter die Kapaunen.

9. Junge Hühner mit Zuckerwurzeln. Die jungen Hühner werden auf ebendie Art wie mit Petersilienwurzeln gekocht. Die Zuckerwurzeln dürfen nicht lange kochen. Einige werden aus der Klare mit Butter gebacken, womit man die Schüssel garniert.

10. Kapaune oder Hühner mit Sauce von Austern. Die Kapaune oder Hühner werden am Spieß gebraten. Die Sauce macht man von Butter, Mehl, drei Eierdottern, von Coullige oder Jus und Zitronen. Dann nimmt man 40 bis 50 Austern, macht sie rein, tut sie an die Sauce, rührt sie ab und gibt sie unter die Kapaune oder Hühner.

11. Junge Hühner oder Kapaune mit Sellerie oder Kohlrabi. Sie werden geradeso gekocht wie mit Petersilienwurzeln. Aber es kommen keine Rosinen daran.

12. Grillade von Hühnern oder Kapaunen. Man nimmt gebratene Hühner oder Kapaune, schneidet sie in Stücke, wendet diese in Butter um, bestreuet sie mit Weißbrot und brät sie auf dem Roste. Darauf macht man eine Sauce von Zwiebeln, Coullige und Zitronen und richtet die Grilladen darauf an.

13. Frikassee von Hühnern. Wenn die Hühner rein sind; so werden sie kleine geschnitten. Man lässt sie die Nacht im Wasser liegen, dass sie weiß werden. Sie werden darauf mit Butter einpassiert und mit Mehl, einem Bündchen Thymian, Zwiebeln, Lorbeerblättern, Salz und Bouillon gargekocht. Dieses legiert man endlich mit zwei Eierdottern, Weinessig, gehackter Petersilie und Wein.

14. Kapaune oder Hühner a la Daube. Die Kapaune oder Hühner müssen vorher recht gut gereiniget und blanchiert werden, hiernach werden sie mit Wasser, Wein, Gewürzen, Salz, Weinessig, Zwiebeln, Lorbeerblättern und Thymian gekocht. Sie werden hierauf kalt auf einer Serviette angerichtet und mit Zitronenscheiben garniert. Dabei wird eine Sauce gegeben von gehackter Petersilie; Senf, Zucker, Baumöl, ein wenig Weinessig und hartgekochten kleingeriebenen Eiern. Diese Sauce muss gut durchgerührt werden, dass sie dicke wird.

15. Hühner in saurem Gelee. Die Hühner werden a la Daube gekocht, sind sie kalt; so legt man sie in eine Forme, gießt die Brust unten mit Gelee zu und lässt es kalt werden. Den andern Tag wird die Form warm gemacht und die Hühner werden umgekehrt auf die Schüssel gelegt.

16. Roulade von jungen Hühnern. Wenn die Hühner rein sind; so schneidet man die Knochen heraus, macht eine gute Farce, beschmiert die Hühner damit, rollt sie auf, bewickelt sie mit Bindfaden und lässt sie a la Braise eine Stunde langsam kochen. Darauf nimmt man den Bindfaden ab und richtet sie mit einer Coulligesauce und Zitronensaft an. Siehe Einleitung Reg. 11.

17. Hachee von Hühnern und Kapaunen. Die Brüste von Hühnern oder Kapaunen, die vorher gebraten sind, werden abgeschnitten, feingehackt und dann mit Wein, Butter, Korinthen, Muskatblumen, Zucker, Zitronensaft, Bouillon und Salz gekocht.

18. Kapaune oder junge Hühner mit Zitronen und Weißbrot. Die Hühner oder Kapaune werden erstlich reingemacht und blanchiert, dann in einem guten Geschirre mit Butter, Bouillon, Zwiebeln, Lorbeerblättern, Salz und geriebenem Weißbrot kurz eingekocht und auf geröstete Semmelscheiben angerichtet.

19. Aspizen von jungen Hühnern und Kapaunen. Die Hühner oder Kapaunen werden gereiniget, in eine Bräse gesetzt und darinnen gargemacht. Ist das geschehen; so lässt man sie kalt werden und macht eine Konsume nach Reg. 20 Vorbereitung. Darauf werden die Hühner oder Kapaunen aus der Bräse genommen, in eine Form gelegt und die Konsume darübergegossen. Man lässt es eine Nacht stehen, und wenn es angerichtet werden soll; so hält man die Form in warm Wasser und kehrt es auf eine Schüssel um. Nach der Jahreszeit kann die Schüssel mit verschiedenen Blumen, mit Petersilie und mit Zitronenscheiben garniert werden.

Anmerk. Eben auf diese Art werden Puten, Tauben, Feldhühner und Fasane bereitet.

20. Junge Hühner mit Krebsen und Spargel. Die Hühner werden abgetan, gereiniget, ausgenommen und dressiert. Sind sie in heißem Wasser gebrannt worden, so müssen sie blanchiert werden; sind sie aber trocken gespült worden, so werden sie flammiert, mit einem reinen Tuche abgeputzt und vollends abgesucht. Nun legt man in eine Kasserolle dünne Speckscheiben, etwas Butter, Lorbeerblätter, ein Büschchen von Petersilie, Thymian und Majoran, darauf die jungen Hühner, ein wenig Bouillon oder auch Wasser und Salz, setzt es auf Kohlfeuer und lässt es langsam kochen. Nun kocht man auch Krebse mit Salz und Kümmel ab, bricht die Schalen vom Schwanz und Rücken und hackt die Spitzen von den Scheren. Von den Schalen macht man Krebscoullige und davon eine Sauce. Ist diese fertig; so legt man die Krebse darein. Man kocht nun auch Spargel in Bündchen, legt rund um die Schüssel wechselweise ein Bündchen Spargel und zwei Krebse, legt die Hühner aus der weißen Bräse in die Mitte darauf und gießt die Sauce darüber. Nach Verhältnis der Schüssel kann man mehr und weniger Hühner und Krebse dazu nehmen.

21. Noch auf eine andere Art. Hier werden die Schwänze von den Krebsen alleine aufbewahrt. Dem Spargel werden die Köpfe so weit es weich ist abgeschnitten und in der Länge eines Fingerglieds im Wasser und Salz gargekocht. Ist die Krebssauce alsdann fertig wie vorhin; so gießt man den Spargel auf ein Sieb, dass das Wasser ablaufe, und tut ihn mit den Krebsschwänzen in die Sauce. Dies kleine Ragout wird alsdann über die Hühner gegeben. Anstatt des Spargels kann man auch grüne Erbsen nehmen.

Anmerk. Auf dieselbe Art können junge Tauben, gefüllte Kälber- und Lämmerbrüste, gespickte und ungespickte Brüste gegeben werden. Gespickte Brüste werden auf das Gemüse gelegt. So kann man auch gespickte Frikandeau, farcierte Koteletts, grillierte Lammbrust, gespickten Hecht und Karpfen und farcierte alte Hühner darauf geben.

Neuntes Stück

Von Tauben

1. Gefüllte Tauben. Wenn die Tauben reingemacht sind, so macht man eine Farce von der Leber mit gehackter Petersilie, zwei ganzen Eiern, einem Löffel voll Butter, geriebener Semmel, Salz und Muskatblumen. Damit werden die Tauben gefüllt, gargekocht und mit Coulligesauce und Zitronen angerichtet. Siehe Einleitung Reg. 11.

2. Tauben mit Basilikum. Die Tauben werden einpassiert und mit Butter, Mehl, gehacktem Basilikum, Zwiebeln und Salz gargekocht. Man nimmt sie alsdann aus der Sauce, macht eine Klare von Mehl, Milch, vier Eiern, Salz, gehacktem Basilikum, Muskatblumen und abgeklärter Butter, darinnen werden die Tauben umgekehrt und in heißer Butter ausgebacken. Die Sauce, worinnen sie gekocht sind, wird dazugegeben und so zur Tafel gebracht.

3. Tauben mit einer Sauerampfersauce. Die Tauben müssen erst einpassiert und mit Butter, Mehl, Zwiebeln, Lorbeerblättern, Salz und Wasser gargekocht werden. Darauf schwitzt man zwei Hände voll Sauerampfer in Butter gar, legiert es mit dem Gelben von zwei Eiern und Weinessig und tut es an die Tauben.

4. Tauben mit brauner Sauce. Die Tauben werden im Mehl umgewendet, in brauner Butter gargeschwitzt und dann mit Jus, Salz, Zwiebeln, Lorbeerblättern, Morcheln und Trüffeln gargekocht.

5. Grillade von Tauben. Die Tauben werden im Rücken durchgeschnitten, auseinandergebogen und mit Salz, Butter, Mehl, Zwiebeln und Lorbeerblättern gargekocht. Darauf werden sie aus der Sauce genommen, in Butter umgewendet, mit Semmel bestreuet und auf dem Roste gebraten.

6. Tresset von Tauben. Es müssen die Tauben erst einpassiert und mit Butter, Mehl, Zwiebeln, Bouillon, Salz und Gewürzen gargekocht werden. Darauf macht man eine Farce von Kalbsbraten und einen Pfannenkuchen, der in Figuren ausgeschnitten wird. Eine Kasserolle beschmiert man mit Butter und bestreut es mit geriebenem Weißbrot. Darein legt man erst den Pfannenkuchen und füllt die Ritzen oder Figuren mit gehackter Petersilie und roten Rüben aus. Die Tauben werden nun darein gelegt, der Boden unten und oben wird rundherum mit Farce zugeschmiert und im Backofen braune gemacht. Endlich wendet man die Kasserolle um und gibt die Sauce, worin die Tauben gekocht wurden, dabei auf die Tafel.

7. Grillierte Tauben. Die Tauben werden in der Marinade gargekocht, darauf in brauner Butter geschwitzt mit Weinessig, Zwiebeln, Lorbeerblättern, Gewürzen, Salz und Bouillon. Nun werden sie aus der Sauce genommen, in Eiern umgewendet, mit Farce überschmiert, mit Weißbrot bestreut und in heißer Butter ausgebacken. Nun richtet man die Tauben an und garniert sie mit Petersilie, die so in Butter ausgebacken ist, dass sie grün bleibt.

8. Frikassee von Tauben. Die Tauben müssen in Stücke geschnitten und reingewaschen werden; darauf werden sie in Butter und Mehl einpassiert und im Wasser mit Salz, Gewürzen und Lorbeerblättern gargekocht. Bei dem Anrichten wird die Sauce mit zwei Eierdottern, gehackter Petersilie und Weinessig legiert.

9. Tauben mit Krebsen oder Spargel. Hier werden die Tauben wie die jungen Hühner gekocht. Siehe Reg. 20 junge Hühner.

10. Aspizen von Tauben. Die Tauben werden geradeso zugerichtet wie junge Hühner und Kapaune. In demselben Artikel ist das weitere Reg. 19 zu ersehen.

Zehntes Stück

Von Gänsen

1. Gans a la Daube. Die Gans wird reingemacht, die Beine werden eingedrückt, sie wird abgewaschen, blanchiert und dann in eine Serviette gebunden, dass sie weiß bleibe. Nun wird sie gargekocht mit Wasser, Wein, Zitronen, Rosmarin, Salz, Lorbeerblättern und Gewürzen. In der Sauce lässt man sie kalt werden, darauf wird sie auf einer Serviette angerichtet und mit Blumen garniert.

2. Gans mit Äpfeln. Die Gans kann entweder am Spieß gebraten oder a la Braise gesetzt werden. Darauf macht man einen Äpfelbrei, gibt ihn auf eine Schüssel und richtet die Gans darauf an. Endlich wird sie mit ausgebackenen Äpfeln garniert.

3. Gans mit brauner Sauce. Die Gans wird a la Braise gargekocht. Man macht darauf eine Coulligesauce mit Zitronen, Morcheln und Trüffeln. Diese wird angerichtet und die Gans oben darein gelegt. Siehe Einleitung Reg. 11.

4. Roulade von Gänsen. Wenn die Knochen ausgelöset sind, dann wird das Fleisch mit Gewürzen und Salz überstreut, aufgerollt und mit Bouillon, Gewürzen und Zwiebeln gargekocht. Es wird mit einer Coulligesauce mit Zitronen angerichtet oder auch unter die Presse gelegt und dann kalt zur Tafel gegeben. Coulligesauce siehe Einleitung Reg. 11.

5. Geräucherte Gänse. Wenn die Gänse rein sind; so werden sie in der Mitte durchgehauen. Darauf werden sie 24 Stunden in Wasser gelegt, das lässt man dann wieder ablaufen, salzt sie ein, lässt sie sechs Tage im Salz stehen und hängt sie in Rauch. Sie können bloß gegessen oder in braunen Kohl gesteckt werden.

6. Gänsepfeffer zu kochen. Man nimmt den Abfall von Gänsen, macht es recht rein und kocht es gar mit Essig, Zwiebeln, Salz, Zucker, Pfeffer, Nelken und braunem Mehl. Wenn es gar ist; so wird die Sauce beim Anrichten mit dem Gänseblute legiert, dass sie ein wenig rund werde.

Elftes Stück

Von Enten und Kalkuten

1. Enten mit einer braunen Sauce. Wenn sie reingemacht sind; so werden sie a la Braise gargekocht und mit einer Coulligesauce und Zitronen aufgegeben. Siehe Einleitung Reg. 11.

2. Gefüllte Enten. Die Enten werden im Rücken aufgeschnitten, die Knochen herausgenommen, mit einer Farce gefüllt, wieder zugemacht, a la Braise gargekocht und mit einer Coulligesauce und Zitronen angerichtet.

3. Enten mit einer Kapersauce. Die Enten werden in brauner Butter braune gebraten und dann mit braunem Mehl, Zwiebeln, Essig, Lorbeerblättern, Zucker und Kapern gargekocht.

4. Enten auf eine andere Art gefüllt. Die Enten werden erstlich gargebraten und auf der Brust ein wenig eingekerbt. Darauf nimmt man große Morcheln, die vorher eingeweicht wurden, macht davon eine Farce und füllt sie damit. Endlich nimmt man gehackte Zwiebeln, geschnittenen Schinken, Zitronen, Pistazien und Coullige, lässt es miteinander durchkochen und richtet es zusammen an.

5. Enten mit einer Sardellensauce. Die Enten werden a la Braise gargekocht. Die Sardellensauce macht man von gehackten Sardellen, Butter, Mehl, dem Gelben von drei Eiern, Jus, Wein und Zitronen. Diese Sauce wird abgerührt, auf eine Schüssel gegeben und dann werden die Enten darauf angerichtet.

6. Enten mit Sukade. Die Enten werden gespickt mit Sukade und dann in brauner Sauce mit Wein, Zucker und Zitronen gekocht.

7. Enten mit braunen Rüben. Die Enten werden erst gebraten, die Rüben werden fingerdicke in die Länge geschnitten, in brauner Butter, Zucker und Jus gargeschwitzt, mit den Enten durchgekocht und angerichtet.

8. Enten weiß mit Rüben. Die Enten werden vorher mit Wasser oder Bouillon, Butter und Salz gargekocht, die Rüben alsdann mit den Enten durchgestovt und ausgerichtet.

Weiße Rübe

9. Enten mit Weiß- oder Savoienkohl. Man kocht die Enten mit Wasser, Salz und Butter erst gar. Darauf wird der Kohl auch abgekocht. An die Enten tut man hiernächst weiß Mehl und Muskatblumen, lässt sie mit dem Kohl wieder durchkochen und richtet es an.

10. Kalkuten a la Daube. Wenn die Kalkute (wälscher Hahn) recht reingemacht und blanchiert ist; so wird er mit grobgeschnittenem Speck durchgespickt. Darauf schneidet man Speck in Scheiben, legt sie mit Gewürzen und Salz auf eine Serviette, legt auch den Kalkuten darauf, bindet es feste zu und lässt es in halb Wasser und Wein, mit Salz, Gewürzen und Zwiebeln garkochen. Es wird dann auf einer Serviette angerichtet und kalt zur Tafel gegeben.

11. Kalkuten mit Trüffelsauce. Die Kalkuten müssen am Spieß gebraten werden, nachdem sie vorher mit Speck und Papier sind bewunden worden. Beim Anrichten gibt man eine Sauce von Coullige, Trüffeln und Zitronen darunter.

Trüffel

12. Farcierte Kalkuten. Man nimmt einen gebratenen Kalkuten, schneidet ihm das Fleisch von der Brust, hackt es zur Farce mit vier Rühreiern und zwei rohen Eiern, geriebenem Weißbrot, Salz und Gewürzen, füllt diese wieder auf die Brust, macht es mit einem Messer bunt, legt den Kalkuten in eine Kasserolle mit Speck, Bouillon, Zwiebeln und Salz, deckt es zu und gibt unten und oben Feuer, dass es gar wird. Endlich wird es mit einer Coulligesauce und Zitronen angerichtet.

13. Grillade von Kalkuten. Man nehme die Keulen, wende sie in Butter um, bestreue sie mit geriebenem Weißbrot und salz, brate sie auf dem Roste braun und gebe eine braune Sauce mit Zwiebeln und Zitronen dazu.

14. Poupetons von Kalkuten. Erst macht man ein Ragout vom gebratenen Kalkuten. Darauf macht man einen Rand von Farce um die Schüssel, tut das Ragout darein und lässt es im Backofen gar und braune backen.

15. Junge Kalkuten mit einer englischen Sauce. Es werden zwei junge Kalkuten am Spieß gargebraten. Darauf wird eine Sauce abgerührt von Butter, Mehl, drei Eierdottern, Wein, Jus, Zitronen und Zwiebeln. Diese wird auf die Schüssel gegeben und dann werden die Kalkuten darauf angerichtet. Endlich nimmt man das Gelbe aus sechs hartgekochten Eiern, gewürfeltes Weißbrot in Butter gebraten, Zitronenscheiben in kleine Stückchen geschnitten und garniert die Schüssel wechselweise damit.

16. Gefüllte Kalkuten. Wenn der Hahn rein ist; so rührt man einen Löffel voll Butter mit zwei Eiern zum Schaum, dann tut man geriebene Semmel, Korinthen, Zitronenschalen, Muskatblumen und ein wenig Rohm dazu, rührt es alles durcheinander, füllt damit dem Kalkuten den Kropf und das Inwendige aus und lässt ihn am Spieße garbraten. Nun wird eine Sauce gemacht von Coullige mit Morcheln, Trüffel, Fleischklümpchen, Magen, Lebern und Zitronen, wie ein Ragout. Dies gibt man auf die Schüssel und richtet den Kalkuten darauf an.

17. Kalkuten mit einer braunen Kastaniensauce. Der Kalkute wird erst gebraten und dann mit der Kastaniensauce zur Tafel gegeben.

18. Aspizen von Kalkuten. Diese werden bereitet wie von Kapaunen und jungen Hühnern, davon die Vorschrift in der Abteilung von jungen Hühnern und Kapaunen Reg. 19 zu ersehen.

Zwölftes Stück

Von Pasteten

* * *

Zwölften Stücks erste Abteilung

Von groben Pasteten

1. Eine Pastete von Hasen. Wenn der Hase abgestreift ist und wenn die Häute abgeschnitten sind; so wird er in Stücke gehauen und gespickt mit Speck, Nelken, Pfeffer und Salz. Diese Stücke lässt man eine Nacht in Essig, Salz, Gewürzen und Lorbeerblättern liegen. Darauf hackt man eine Farce von der Leber, etwas rohem Kalbfleisch, Zwiebeln, Speck, Salz, Gewürzen, etwas Weißbrot, Zitronensaft und Zitronenschalen. Nun wird ein gebrannter Teig gemacht von sechs Pfund gebeuteltem Mehle. Er wird auf dem Backtische mit gekochtem Wasser recht steif wie zum Brot verarbeitet. Wenn er gut ist; so wird die Hälfte fingerdicke ausgerollt und nach der Größe und Facon der Pastete rund oder länglich ausgeschnitten. Von dem abgeschnittenen Teige wird der Rand gemacht. Es wird mit den Händen ausgerollt, bis es die Länge um die Pastete hat. Dann wird es eine Hand breit mit dem Rollholze ausgerollt, so dicke wieder wie ein Finger. Das schneidet man mit dem Messer egal ab und setzt es auf den Bodenteig mit Eiern, dass es feste steht und die Facon behält. Man beschmiert darauf den Boden fingerdicke mit der Farce, legt das Fleisch, nachdem es abgelaufen ist, auf die Farce, deckt es wieder mit Farce zu, legt Salz, Gewürze, Zwiebeln, Lorbeerblätter, Zitronen- und Speckscheiben oben darauf und bestreicht es rundherum wieder brav mit Eiern. Nun rollt man den andern Teig halb fingerdicke wieder aus, legt ihn über das Fleisch, drückt ihn feste an, dass er nicht berstet oder Luft kriegt und schneidet das Übrige rundherum ab. Der übrige Teig wird wieder zusammengearbeitet und dann wieder auseinandergerollt, so lange, dass es um die Pastete geht, und so breit als die Pastete hoch ist. Die Pastete wird alsdann mit Eiern bestrichen und im Backofen gargebacken. Wenn sie eine halbe Stunde im Ofen gestanden ist; so muss sie auf dem Deckel Luft haben oder sie berstet auf. Sie muss zwei oder drei Stunden im Ofen bleiben. Nun wird eine gute braune Schinken-Coullige mit Zitronensaft gemacht, die Pastete wird aufgeschnitten, das Fett reine davon genommen und die Sauce, wenn sie nach Geschmack gemacht ist, wird hineingegeben. Sollte das Fleisch nicht recht mürbe geworden sein; so kann man es in der Sauce vollends garkochen lassen. Diese Pastete kann warm, aber auch kalt zur Tafel gegeben werden.

2. Pastete von Auerhahn. Hier wird alles so bereitet wie bei dem Hasen. Der Pastete gibt man nur die Facon eines Auerhahns.

Anmerk. Auf dieselbige Art macht man Pasteten von Trappen, Feldhühnern, vom Hirsch, wo das Fleisch nur ein wenig länger in der Marinade gebeizt wird, vom wilden Schwein, vom Reh, von Ottern und von Kaninchen.

3. Pasteten von Enten. Wenn die Enten rein sind; so müssen sie mit grobem Speck, Gewürzen und Salz gespickt und eine Nacht in eine Marinade gelegt werden. Sie werden darauf wie oben zur Pastete bereitet und endlich mit einer braunen Kapersauce angerichtet.

4. Pastete von einer Hammel- oder Kalbskeule oder Boeuf a la Mode von Rindfleisch. Das Fleisch wird hier mit grobem Speck durchspickt, eine oder zwei Nächte in eine Marinade von Essig, zwei mgr. Salpeter, Zwiebeln, Pfeffer, nelken, Lorbeerblättern gelegt und zur Pastete mit einer guten farce zurechtgemacht. Wenn sie gar ist; so wird das fett davongegossen und eine gute Coulligesauce darein gegeben.

Anmerk. Auf ebendiese Art macht man Pasteten von Berghühnern, von Tüten, Schnepfen, Krammetsvögeln und von Wasserschnepfen.

5. Pastete von Schweineschinken. Der Schinken wird zwei oder drei Tage recht gut gewässert, dass er nicht mehr salzig ist, dann wird die Schwarte abgezogen, der Knochen herausgenommen und das Fleisch gebeizt mit rotem Wein, Weinessig, Zwiebeln und Gewürzen. Der Pastete wird die Facon des Schinkens gegeben und gargebacken. Sie wird mit saurem Gelee und Zitronensaft begossen und mit Zitronenscheiben belegt.

Man kann auch einen frischen Schinken nehmen und ihn kalt mit Schmalz beschmiert zur Tafel geben.

6. Grobe Pastete. Man nimmt große Stücke von Kalb- oder Hammel- oder Rindfleisch, spickt sie durch mit grobem Speck und Gewürzen und bereitet sie mit einer guten Farce zur Pastete. Man lässt die Pastete kalt werden, begießt sie mit saurem Gelee oder Coullige, überzieht sie mit Schmalz und macht sie mit Blumen bunt.

7. Grobe Pastete von Kalkute. Den Kalkuten wirde der Brustknochen herausgenommen und wenn es ein großer Hahn ist; so wird auch der ganze Rückenknochen herausgenommen. Er wird darauf mit grobem Speck gespickt und mit Gewürzen, eine Nacht in eine Marinade gelegt, mit einer Farce zur Pastete bereitet und mit einer guten Sauce kalt oder warm zur Tafel gegeben.

* * *

Zwölften Stücks zweite Abteilung

Von allerlei feinen Pasteten mit Butterteig

1. Eine feine Pastete von Kalbfleisch. Man nimmt zu dem Teig so viel Mehl als Butter. Die Butter wird gut ausgewaschen und wieder ausgetrocknet. Das Mehl wird auf dem Backtische mit kaltem Wasser, einem Ei und ein wenig Butter so steif gerührt wie Butter. Nun wird der Teig ausgerollt und wenn die Butter ausgetrocknet ist; so legt man sie auf den Teig und rollt sie auch damit aus. Darauf schlägt man es ganz dünne zusammen und rollt es wieder auseinander. Ist dies drei- bis viermal wiederholt; so ist der Teig fetig. Darauf nimmt man ein Vorderviertel vom Kalbe, hackt es in kleine Stücke, wäscht es rein ab, bestreut es mit Mehl, begießt es mit Bouillon oder Wasser, gibt Salz, Gewürze, Lorbeerblätter, Trüffel, Morcheln, Sardellen, Kapern, Zwiebeln und Butter daran, lässt es damit, wie Frikassee, weiß garkochen, setzt es ab und lässt es kalt werden. Man macht darauf eine Farce von Kalbsbraten, nimmt nun den dritten Teil vom Teige, rollt ihn ganz dünne aus, legt ihn auf eine Schüssel, gibt erst etwas von der Farce darauf und legt nun das kaltgewordene Fleisch darüber. Über dieses legt man wieder Farce mit Zitronenscheibchen und bedeckt es mit einem runden Papier, welches vorher mit Butter bestrichen wurde. Wenn hernach der Rand mit Eiern ist bestrichen worden; so rollt man wieder einen teil von dem Teige aus, legt ihn um die Pastete herum und bestreicht ihn wieder mit Eiern. Der dritte Teil von dem Teige wird nun auch ausgerollt, bunt geschnitten und über die Pastete gelegt. Endlich wird der Teig rundherum abgeschnitten, eingekerbt, bunt gemacht und die Pastete im Backofen gargebacken. Zu der Sauce, worin das Fleisch gargekocht wurde, schlägt man noch drei Eierdotter und rührt ein wenig Wein und Zitronensaft dazu. Ist die Pastete gar; so wird sie hernach aufgeschnitten und die Sauce wird darein gegeben.

2. Eine feine Pastete von jungen Hühnern. Wenn die jungen Hühner reingemacht sind; so können sie, sowie sie größer und kleiner sind, in Hälfte zerschnitten werden oder auch ganz bleiben. Sie werden hernach einpassiert, nach der vorhergehenden Anweisung, und mit Butterteig wie oben fertiggemacht. Ebenso werden Pasteten von Lammfleisch, von Tauben etc. gemacht.

3. Feine Pasteten von Kaninchen. Die Kaninchen werden reine abgezogen, in Stücke geschnitten, mit brauner Butter einpassiert und mit Mehl, Gewürzen, Kapern, Zwiebeln und Just gargekocht. Alsdann wird alles wie oben zurechtgemacht und mit der Sauce, worinnen es gekocht ist, und Zitronensaft angerichtet.

4. Feine Pasteten von Krammetsvögeln. Wenn die Vögel reine sind; so werden sie ausgenommen. Von den Lebern wird eine Farce gemacht mit etwas Kalbfleisch, Zwiebeln, Wacholderbeeren, Speck, Gewürzen, Zitronen und Weißbrot. Die Krammetsvögel werden nun erst einpassiert und durchgeschwitzt. Man bestreut sie hernach mit einer Handvoll Mehl, gießt Jus oder Wasser darauf und lässt sie mit Zwiebeln, Gewürzen und Salz garkochen. Man macht hierauf die Pastete auf eine Schüssel und backt sie gar. Die Sauce, worinnen die Vögel gekocht sind, wird mit Zitronensaft angerichtet. Feine Pasteten von Holz- und Wasserschnepfen wie auch von Lerchen werden auf ebendie Art bereitet. Die Saucen können aber doch nach Geschmack verändert werden.

89

5. Feine Pastete von Lachs. Man schneidet frischen Lachs in Scheiben. Von einer Scheibe wird eine Farce gemacht. Diese legt man auf eine Schüssel und gibt den Lachs stückweise darauf mit ein wenig Butter, Lorbeerblättern, Salz, Zitronen, Zwiebeln und Muskatblumen. Es wird dann zur Pastete gemacht und gargebacken. Die Sauce dazu wird von Butter, Mehl, drei Eierdottern, Bouillon, Zitronensaft, Muskatblumen und Salz abgerührt. Die Pastete wird aufgeschnitten und die Sauce darein gegeben.

6. Feine Pastete von Aal. Wenn der Aal abgezogen ist, so wird er zum Frikassee gekocht, dann wie vorher zur Pastete gemacht und gargebacken. Die Sauce, worin es gekocht wurde, wird mit Salbei, Zitronensaft und zwei Eierdottern legiert und in die Pastete gegeben.

7. Feine Pastete von Stockfisch. Der Stockfisch wird erst zwei Nächte in fließendem Wasser eingeweicht. Alsdann wird eine Lauge von Asche gekocht und abgeklärt, worin er wieder eine Nacht liegen muss. Ist das geschehen; so wird er gut gewaschen, sodass die Lauge wieder herausziehet, ausgegrätet, in einer Serviette zugebunden und mit fließendem Wasser, langsam bis vor das Kochen, an das Feuer gesetzt. Hier hebt man ihn vom Feuer, bereitet eine Pastete von Butterteig, legt eine angefeuchtete Serviette darein und lässt sie garbacken. Darauf wird die Pastete ausgeschnitten, die Serviette herausgenommen und der Stockfisch wieder hineingelegt. Die Sauce wird von Butter, Mehl, dem Gelben von drei Eiern, gehackter Petersilie, Pfeffer und Bouillon abgerührt oder eine andere Sauce von Butter, Mehl, Milch, Pfeffer und gehackter Petersilie. Man kann auch eine Senfsauce dabeigeben.

8. Feine Pastete von Hecht. Der Hecht wird in Stücke geschnitten, die Gräten herausgenommen, und durchgekocht mit Butter, Mehl, Zitronen, Bouillon, Muskatblumen, Lorbeerblätter und Zwiebeln. Von Hechten wird hernach auch etwas Farce gemacht. Die Pastete wird gargebacken und der Hecht nach voriger Vorschrift dareingegeben. Zu der Sauce, worinnen der Hecht gargekocht wurde, rührt man noch zwei Eierdottern, Zitronensaft und Wein und gibt sie über die Pastete.

Auf ebendie Art werden sie von Barsen, Lampreten und Forellen gemacht.

9. Pastete von Stör, Neunaugen oder Heringen. Die Fische müssen drei Tage ausgewässert werden, dass sie nicht mehr salzig sind, alsdann werden die Gräten herausgenommen, und auf eine Schüssel gelegt, die vorher mit Farce ist überschmieret worden. Man macht es hernach mit Butterteig zu, lässt es garbacken und gibt eine pikante Sauce darüber. Siehe Saucen.

10. Eine Pastete von Gemüse, als von Zuckerwurzeln. Die Zuckerwurzeln werden mit Butter, Mehl, Muskatblumen, Salz und Bouillon halb gargekocht, darauf tut man sie in eine Pastete und lässt sie garbacken. Die Sauce, worin sie gekocht sind, gießt man darüber. Ebenso werden sie auch von Artischocken, Bohnen und Blumenkohl gemacht.

11. Pasteten von Austern. Die Austern werden blanchiert und mit Butter, Mehl, Zitronen, Bouillon und Gewürzen gestovet. Darauf macht man von etlichen eine Farce, legt diese auf eine Schüssel, tut die Austern darauf, lässt sie garbacken und richtet sie mit der Sauce an, worinnen sie gekocht sind.

12. Bonnet oder Kasserollpastete. Man nimmt entweder Kalbfleisch, junge Hühner, Tauben oder Lammfleisch und kocht es als ein Frikassee gar. Darauf macht man eine gute Farce und ferner einen Teig von zwei Pfund Mehl, ein halb Pfund Butter, vier Eiern und Milch. Dieser wird so dicke als ein Pfeifenstiel ausgerollt. Die Kasserolle oder die Form wird mit Butter beschmieret und mit geriebenem Weißbrot oder Makronen bestreut. In diese wird der Teig gelegt und dieser wird mit der Farce herum beschmieret. Darauf tut man das Frikassee hinein, bestreicht es mit Eiern, macht es mit dem ausgerollten Teige zu und lässt es garbacken. Endlich kehrt man die Kasserolle um, schneidet die Pastete auf, legiert die Sauce, worin das Fleisch gargekocht ist, mit Zitronen und dem Gelben von zwei Eiern und gibt sie hinein.

***

Zwölften Stücks dritte Abteilung

Von allerlei kleinen Pasteten

1. Kleine Pasteten von Kalbsbraten. Man nehme ein wenig Kalbsbraten, hacke ihn ganz fein und menge ihn mit einem Stück Butter, gehackter Zitronenschale, Wein, Zucker, Korinthen, Muskatblumen, geriebenem Weißbrot, Salz und Zitronensaft wohl durcheinander. Darauf nehme man Butterteig, rolle ihn aus, schneide ihn in breite Stückchen, lege diese in kleine Forme, verteile die Farce darauf, mache den Teig zu, bestreiche sie mit Eiern, lasse sie garbacken und bestreue sie endlich mit Zucker.

2. Eine andere Art, kleine Pasteten zu machen. Wenn der Butterteig so dünne als ein Pfeifenstiel ausgerollt worden ist; so wird er mit einem Bier- oder Weinglase abgestochen. Auf diese abgestochenen Stückchen legt man daumendicke die Farce, die wie vorher bereitet wird, bestreicht es mit Eiern, legt ein ander Stückchen Teig über die Farce, bestreicht es wieder mit Eiern, lässt es garbacken und bestreut sie mit Zucker.

Auf ebendiese Art werden die kleinen Pasteten mit Fischfarce gemacht und gebacken.

3. Kleine Pasteten von Austern. Man nehme guten Butterteig, rolle ihn auf und steche ihn, wie oben, mit einem Glase ab. Die abgestochenen Stückchen werden darauf mit Eiern bestrichen. Auf jedes legt man zwei rohe Austern, ein wenig Butter, Muskatblumen und gerieben Weißbrot, man legt einen Deckel darüber, macht ihn bunt, schneidet ihn oben ein und lässt es garbacken.

4. Kleine Pasteten von Kräutern. Man nehme ausgerollten abgestochenen Butterteig, lege ihn in kleine Forme, darauf nehme man Kräuter, als Petersilie, Protulak, Kerbelstengel und Feldsalat, blanchiere dieses ab, drücke das Wasser rein aus und stoße es fein in einem Mörser mit dem Gelben von drei Eiern, dem Gelben von zwei gekochten Eiern, mit einem

Stück Butter, Salz, Muskatblumen, ein wenig Weißbrot, gehackter Zitronenschale und ein wenig Zucker. Ist dies geschehen; so tut man es in die kleinen Förmchen, deckt es mit Teig zu, lässt es garbacken, bestreut sie mit Zucker und bringt sie warm zur Tafel.

5. Kleine Pasteten von Melonen. Man nimmt eine reife Melone, schält und schneidet sie in Stücke, diese werden mit drei sauren Äpfeln in brauner Butter zum Brei geschwitzt. Dazu tut man hernach noch zwei Eierdotter, Rosinen, Korinthen, Canehl (Zimt) und ein wenig geriebene Semmel und macht davon wie oben die Pasteten.

6. Kleine Pasteten von Saucissons. Die Saucissons lässt man mit Wein, Zwiebeln, Salz und Gewürzen garbräsen und wieder kalt werden. Darauf tut man zu einer jeden Saucisse ein Stück Butter oder Blätterteig, rollt den Butterteig ganz dünne aus, wickelt die Saucissen darin zu und lässt sie garbacken.

7. Kleine Pasteten von Kälberbrissel. Die Kälberbrissel müssen erst in kleine Stückchen geschnitten werden, darauf wird es mit ein wenig Mehl bestreut, in brauner Butter mit Zitronensaft, Bouillon und Gewürze gargekocht und kleine Pasteten davon gemacht.

8. Kleine Pasteten von Kalbszungen. Man nimmt vier gekochte Kalbszungen und hackt sie fein. Ebenso werden auch sechs saure Äpfel kleine gehackt. Darauf schlägt man ein Stück Butter mit zwei Eiern zum Schaum, tut die Zungen, die Äpfel, geriebenen Zwieback, Gewürze, Zitronenschalen und Korinthen hinzu, rührt dieses alles wohl durcheinander und macht kleine Pasteten davon.

9. Kleine Pasteten von Spinat. Der Spinat wird abgekocht und feingehackt, alsdann mit einem Stück Butter, Zwiebeln, Korinthen, Zucker, Gewürzen und süßem Rohm durchgestovet, und wenn es dann wieder kalt ist; so werden kleine Pasteten mit Butterteig davon gemacht.

10. Kleine Pasteten von Krebsen. Wenn die Krebse abgekocht sind; so werden die Schwänze aus der Schale genommen und feingehackt. Von den übrigen Schalen macht man eine Krebsbutter und rührt diese mit zwei

Eiern zum Schaum, gibt die gehackten Schwänze mit Zwieback, Zucker und Zitronen dazu, rührt es ab, macht kleine Pasteten aus Butterteig davon und lässt es garbacken.

11. Eine andere Art kleiner Pasteten. Man nehme einen guten Butterteig, lege ihn in die kleinen Forme, lege Papier darein, mache es mit einem Deckel zu und lasse sie garbacken. Ist das geschehen, so werden die Pastetchen aufgeschnitten und mit einem feinen Ragout gefüllt. Den Ragout macht man von Kälberbrissek und legiert ihn mit Eiern und Zitronensaft.

Dreizehntes Stück

Verschiedene Fritures

1. Fritures von Kälberbrissel. Die Kälberbrissel werden erst sauber abgewaschen, blanchiert und wieder in kalt Wasser gelegt, dass sie kalt werden. Darauf werden sie wieder fein abgesucht und gereiniget. Die feine Haut wird alsdann abgezogen und alle Adern herausgesucht. Ist das geschehen; so werden sie in feine Würfel geschnitten. Nun nimmt man ein wenig Butter, etwas fein Mehl und lässt es in einer Kasserolle schwitzen. Darauf gibt man alsdann gute Bouillon oder Jus, aber nicht mehr als zu einem kleinen Ragout nötig ist, eine ganze Zwiebel, die geschnittenen Würfel von dem Brissel, Zitronenscheiben, Lorbeerblätter, Muskatblumen und Salz. Das alles lässt man eine Viertelstunde durchkochen. Hiernächst werden drei oder vier Eierdotter feingerührt, dazu tut man den Saft von einer Zitrone, legiert das Ragout damit, dass es rund werde und lässt es kalt werden. Nun werden Oblaten in die Quere zweimal durchgeschnitten. Drei oder vier Eier werden auf einem Teller zusammen geschlagen. Dadurch zieht man jedes Mal ein Stück Oblate, dass es weich werde, legt von dem Ragout darauf, eines ganzen Fingers dicke und eines halben Fingers lang, wickelt es darinnen zu, kehrt es in den Eiern um, bestreut es mit geriebener Semmel und ein wenig Mehl und fährt mit den übrigen ebenso fort, bis man davon so viel hat, als man zu einer Assiette gebraucht. Endlich klärt man Butter ab, lässt sie ganz heiß weren, gibt die Fritures darein und lässt es ausbacken, bis es gelbbraune und hart wird. Man gibt es auf der Assiette warm zur Tafel.

Anmerk. Auf dieselbe Art weren Fritures von Magen und Lebern aus einer Pute und aus Hühnern gemacht.

2. Fritures von Champignons, Morcheln, Trüffeln und Krebsschwänzen. Diese angegebenen Sachen werden in heißes Wasser gelegt und wohl ausgewässert. Darauf tut man alles in kalt Wasser, drückt es darauf mit der Hand reine aus und schneidet es, so wie auch die Krebsschwänze,

95

in feine Würfel. Dies alles legt man alsdann in eine gute Krebssauce, legiert es, wickelt es in Oblaten und lässt es, ganz nach der vorher berschriebenen Art, ausbacken.

Anmerk. Dergleichen Fritures können von allem feinen Fleische, als von Kapaunen – jungen Hühnern – und Tauben-Brüsten gemacht werden. Ebenso auch von Fischen. Von Hechtleber, von Karpfenmilch usw. Soll es Fastenspeise werden; so wird eine Fischsauce zum Ragout gemacht.

3. Fritures von Farce. Man macht eine gute Farce, schmieret solche mit einem Messer dünne auf die Oblaten, legt ein wenig fein Ragout darauf, wickelt es auf und lässt es wie oben in heißer abgeklärter Butter gelbbraun ausbacken.

Anmerk. Bloße feine Farce lässt sich auch so ausbacken und als Fritures zur Tafel geben.

4. Fritures von Farce auf andere Art. Man verfertiget eine gute Farce, davon schneidet man Stücke, dreier Finger breit und eines Fingers dicke, kocht sie in Bouillon gar und lässt sie kalt werden. Ist das geschehen; so schneidet man kleinere Stückchen oder Figuren davon, wie man will, kehrt sie in Eiern um, bestreut sie mit fein geriebener Semmel und backt sie, wie sonst, in heißer abgeklärter Butter aus. Sie werden warm zur Tafel gegeben. Man kann zu diesen Fritures auch eine gute Jussauce geben.

Vierzehntes Stück

Von Fischen

1. Hecht blau zu kochen. Die Hechte werden unabgeschuppt ausgenommen. Sie werden gebogen oder in Stücke gehauen und gewaschen. Darauf werden sie mit Essig übergossen, dass sie blau werden. Man kocht sie in gesalzenem kochendem Wasser gar, schäumt sie ab und gibt eine Sauce von gehackter Petersilie und Butter dabei oder eine gelbe Weinsauce. Siehe von Saucen Reg. 13 u. Reg. 12.

2. Gestovte Hechte. Die Hechter werden reingeschuppt und gewaschen, in eine Kasserolle gelegt und mit Butter, Salz, Zwiebeln, Lorbeerblättern, geriebenem Weißbrot, Muskatblumen, Wein, Zitronen und mit ein wenig Wasser gargekocht.

3. Gestovte Hechte auf andere Art. Die Hechte werden in Stücke zerschnitten, reingewaschen und dann mit Butter, gehackter Petersilie, geriebenem Weißbrot und Wasser gargekocht.

4. Gespickten Hecht. Der Hecht wird abgeschuppt und die Haut mit einem dünnen Messer abgeschnitten. Darauf wird er gebogen, fein gespicket und auf einer Schüssel mit geschnittenen Speckscheiben oder in einer Tortenpfanne, mit Zwiebeln, Lorbeerblättern und Salz gargebraten. Endlich gibt man eine gute Coulligesauce mit Zitronensaft darunter.

5. Gespickte Frikandeau von Hechten. Die Hechte müssen in Stücke zerhauen und die Haut davongeschnitten werden. Darauf werden sie gespickt, im Mehl herumgewälzt, in brauner Butter gebraten, und dann mit Zwiebeln, Lorbeerblättern, Jus und Zitronen gargekocht.

6. Farcierten Hecht. Der Hecht wird abgeschuppt und das Fleisch von den Gräten abgeschnitten. Dann wird ein Löffel voll Butter in einer

Kasserolle geschmolzen und das Fleisch von dem Hecht damit gargekocht. Darauf nimmt man vier ganze Eier, macht sie zum Rührei, hackt es klein, nimmt noch zwei ganze Eier, Muskatblumen, gerieben Brot, gehackte Zwiebeln und Salz, macht dies zur Farce und legt es auf den Fisch, der nun in einer Tortenpfanne oder im Backofen gargebacken wird. Zuletzt gibt man eine gute Kirschsauce, siehe Saucen Reg. 21, mit Wein, Zucker und Canehl darüber oder Coulligesauce mit Zitronen.

7. Hechte auf der Schüssel gestovt. Die Hechte müssen geschuppt, in Stücke geschnitten, auf eine Schüssel gelegt und mit Butter, Sardellen, Zitronen, Muskatblumen, Salz, Zwiebeln, Lorbeerblättern, Wein und geriebenem Weißbrot in einem Backofen oder in einer Tortenpfanne gargebacken werden.

Hecht

8. Einen Hecht auf dreierlei Art am Spieß zu braten. Ein großer Hecht wird erst abgeschuppet, alsdann wird der Kopf mit Weinessig begossen, dass er blau werde, und wird mit weißen Tüchern, mit Essig begossen, bewickelt. Das Mittelstück wird gespickt und der Schwanz wird gesalzen, mit geschmolzener Butter begossen und mit Mehl bestreuet. Darauf wird der Hecht, so lang er ist, an einen Spieß gebunden und am Feuer gargemacht. Nun kochet man den Kopf in Weinessig, das Mittelstück wird mit Butter begossen und gebraten, der Schwanz wird mit Mehl bestreut und muss backen. Wenn er gar ist, muss er ganz zur Tafel gegeben werden. Die Tücher werden vom Kopfe abgenommen und es wird Butter und Sauce darüber gegeben.

9. Granat von Hechten oder Karpfen. Der Hecht wird geschuppet und die Haut fein davon geschnitten, dann wird er stückweise, eine Handbreit voneinander, gespickt. Man macht darauf eine gute Farce von Fischen, legt Speckscheiben in eine Kasserolle und legt die gespickten Seiten vom Fisch darauf, die inwendig fingerdicke mit Farce belegt sind. Nun wird ein Ragout von Kälberbrissel, Ohren, Morcheln, Trüffel in die Kasserolle getan, mit der Farce zugemacht und im Backofen gargebacken. Darauf wird es umgekehrt und mit einer guten Coulligesauce angerichtet.

10. Granat von Hechten auf eine andere Art. Man nimmt Fleisch vom Hechte und hacket es kleine. Darauf nimmt man zwei Löffel voll Butter und rührt solche mit acht Eiern zum Schaum. Hierauf wird von drei weißen Brötchen ein Brei in Milch gekocht. Nun wird alles recht wohl in der Kasserolle zusammengerührt, alsdann werden noch Muskatblumen, gehackte Zwiebeln, Zitronenschalen und Zucker dazugetan. Das Weiße von den Eiern schlägt man erstlich zum Schnee, rührt es auch damit durch und lässt es in einem Reife garbacken.

11. Karpfen in seinem Blute gekocht. Man hacket dem Karpfen den Schwanz ab und lässt das Blut in Essig laufen. Darauf wird er abgeschuppt und in Stücke geschnitten. Man macht dann ein wenig braun Mehl und lässt den Karpfen darin mit rotem Wein, Zwiebeln, Lorbeerblättern, Salz, Zitronen und ein wenig Zucker eine halbe Stunde kochen. Nun wird es mit dem Blute legiert und angerichtet.

12. Karpfen zu füllen. Wenn der Karpfen geschuppt ist; so muss die Haut abgelöset werden. Von dem Fleische wird eine Farce gemacht, diese legt man wieder in die Haut, nähet sie zu und lässt es im Ofen garbacken. Es wird eine gute Coulligesauce darauf gegeben und angerichtet.

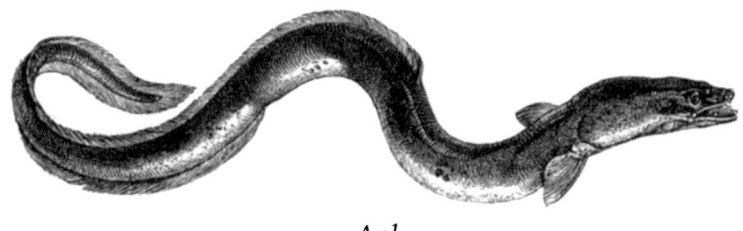

Aal

13. Frikassee vom Aal. Der Aal wird abgezogen, in kleine Stücke geschnitten und rein abgewaschen. Hiernächst wird er mit Butter einpassiert, mit Mehl bestreut und eine Viertelstunde in Wasser mit Salz, Zwiebeln, gehackter Petersilie und Salbei gekocht. Endlich wird er mit dem Gelben von Eiern, mit Zitronensaft und Wein legiert.

14. Aal auf dem Roste gebraten. Der Aal wird abgezogen, in kleine Stückchen geschnitten und eingesalzen. Darauf wird er wieder abgedrückt, mit Salbei gespickt, in Butter umgekehrt, auf dem Roste gebraten und mit brauner Butter zur Tafel gegeben.

15. Karutschen mit Petersiliensauce. Wenn die Fische abgeschuppt sind; so kocht man sie mit Wasser und Salz gar. Die Petersiliensauce wird mit Butter, mit dem Gelben von zwei Eiern, Muskatblumen und mit Wasser auf dem Feuer abgerührt. Die Fische werden nun angerichtet und die Sauce wird darüber gegeben.

16. Karutschen mit Dillsauce. Wenn die Fische gereiniget sind; so werden sie in Wasser und Salz gargekocht. Darauf lässt man fein gewürfelten Speck gelbe braten, macht die Sauce von Butter, Mehl, gehacktem Dill, dem Gelben von zwei Eiern, Weinessig und Wasser, die so auf dem Feuer abgerührt wird, dass sie rund wird. Der Speck kommt nun dazu, die Fische werden angerichtet und die Sauce wird darübergegeben.

17. Karutschen zu backen. Die Fische müssen reingemacht, eingekerbt, eingesalzen und wieder abgedrückt werden. Hernach wendet man sie in geschlagenen Eiern um, bestreut sie mit fein geriebener Semmel und Mehl und lässt sie in heißer Butter hart backen. Darauf wird eine gute Handvoll ganze Petersilie auch in heißer Butter gebacken und damit werden die Fische garniert.

Anmerk. Der Weißfisch und Barsch wird auf die nämliche Art gebacken.

18. Barsch mit gelber Sauce. Die Barsche werden mit Wasser und Salz gargekocht. Die Sauce wird von Butter, Mehl, dem Gelben von drei Eiern, Wein, Zucker und Zitronen gemacht, mit Wasser auf dem Feuer abgerührt und über die Fische gegossen.

19. Frischen Lachs zu kochen. Der Lachs wird in Scheiben geschnitten und mit Wasser, Salz, Weinessig, Lorbeerblättern, Zwiebeln, Gewürz und Zitronen gargekocht, doch so, dass er ganz bleibe.

20. Gestovten Lachs. Die Scheiben werden in eine Kasserolle gelegt und mit Butter, Wein, Zitronen, Gewürze und gerieben Weißbrot langsam gekocht.

21. Lachs mit süßer Rohmsauce. Der Lachs wird in Scheiben geschnitten, mit Wasser und Salz abgekocht. Darauf rührt man Butter, Mehl, süßen Rohm, gehackte Petersilie und Muskatblumen ab und gibt es über den Lachs.

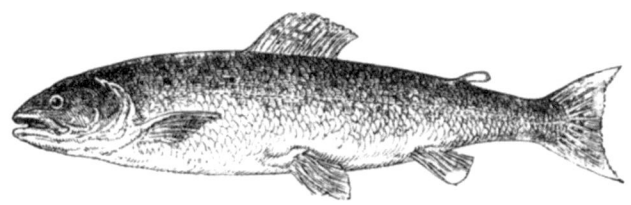

Lachs

22. Einen Lachsschwanz farciert. Der Schwanz wird gespalten, das Fleisch von den Gräten rein abgemacht und mit vier Eiern, Zwiebeln, geriebenem Brot und Gewürzen gehackt, wieder über die Gräten gemacht und gargebacken. Dabei wird eine Sauce gegeben von Lachs gezogen.

23. Granat von Lachs. Der Lachs wird feingehackt, dann Weißbrot in Milch geweichet und dicke gekocht wie Brei. Man kläret hierauf drei Löffel voll Butter ab und rührt solche mit acht Eiern zu Schaum. Nun tut man dies mit dem gekochten Brote, mit Zitronenschalen, Gewürzen, gehackten Zwiebeln und Zucker zu dem Lachs und rührt alles durch. Das Weiße von den Eiern wird zu Schnee geschlagen und auch dazugegeben. Endlich wird es im Reife gargebacken und ohne Sauce zur Tafel gegeben.

24. Kabeljau gekocht. Der Kabeljau wird in Stücke geschnitten, mit Wasser und Salz gargekocht und dabei geschmolzene Butter, Zwiebeln, Lorbeerblätter und Senf gegeben.

25. Gestovten Kabeljau. Der Fisch wird in Scheiben geschnitten und mit Butter, geriebenem Brot, Gewürzen, Zwiebeln und Zitrone gargekocht.
   Anmerk. Auch Austern können zugetan werden.

26. Schellfische zu kochen. Die Schellfische müssen abgeschuppt und ausgenommen werden. Dann werden sie in Wasser und Salz gargekocht. Zur Sauce wird ein Löffel voll Senf, Butter, ein wenig Mehl und Wasser auf dem Feuer abgerührt und beigegeben.

27. Gestovte Schellfische. Die Schellfische werden abgeschuppt, ausgenommen, in Stücke geschnitten und ganz reine abgewaschen. Darauf werden sie in der Kasserolle mit Butter, geriebenem Weißbrot, Zwiebeln, gehackter Petersilie, mit ein wenig Wasser, Salz und Muskatblumen kurz abgestovt.

28. Schellfische auf andere Art zu kochen. Die Fische werden abgekocht, mit Kartoffeln garniert und mit geschmolzener Butter und Senf gegeben. Hecht kann auf dieselbe Art gegeben werden.

29. Labertan zu kochen. Der Labertan muss zwei Tage eingewässert und dann in Wasser gargekocht werden. Dabei wird Sauce von Butter und Senf gegeben.

30. Schleien zu kochen. Die Schleien müssen im heißen Wasser abgebrannt und die Haut abgezogen werden. Hernach werden sie im Wasser und Salz gargekocht. Die Sauce wird von Butter, Mehl, von dem Gelben aus zwei Eiern, Weinessig und gehackten Sauerampfer abgerührt und über die Fische gegeben.

Anmerk. Wenn man sie auf dem Roste braten will; so gibt man eine Kapersauce darüber. Siehe Saucen Reg. 32.

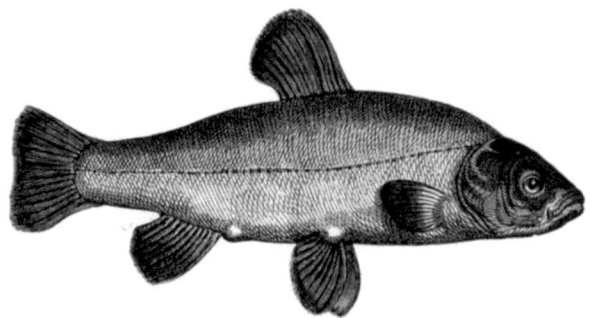

Schleie

31. Schmerlinge zu farcieren. Die lebendigen Schmerlinge müssen im Wasser reingewaschen werden. Darauf werden drei ganze Eier mit Milch kleine geklopft und die Schmerlinge eine halbe Stunde darein gelegt. Die Milch wird wieder abgegossen und Fische im Wasser und Salz gargekocht.

32. Schmerlinge blau gekocht. Die Schmerlinge werden reingewaschen, mit Essig abgeblauet und im Wasser und Salz gargekocht. Dazu wird eine gelbe Sauce von Butter, Mehl, zwei ganzen Eiern, Zitronen, Wein und Zucker gemacht.

33. Schmerlinge gebacken. Die Schmerlinge müssen erst im Wasser und Salz abgekocht werden. Darauf werden sie durch einen Durchschlag gegossen, in Eiern umgekehrt, mit Mehl oder geriebener Semmel bestreuet und dann in heißer Butter gebacken.

34. Grünpen gekocht. Die Grünpen werden abgeschuppt und im Wasser und Salz gargekocht. Dann wird eine gelbe Weinsauce oder Petersiliensauce darübergegeben. Siehe Saucen Reg. 12 u. Reg. 13.

35. Grünpen gebacken. Wenn sie geschuppt, mit Salz eingesprengt und wieder abgetrocknet sind; so werden sie im Mehl umgekehrt und in heißer Butter ausgebacken.

36. Marinierte Forellen. Die Forellen werden ausgenommen und reingewaschen. Darauf muss man sie in Weinessig, Salz, Gewürzen und Lorbeerblättern eben aufkochen und eine Nacht stehen lassen. Dann werden sie wieder herausgenommen, abgetrocknet, in eine Klare gelegt und in heißer Butter ausgebacken.

Anmerk. Die Klare wird von Mehl, von dem Gelben von vier Eiern und Gewürzen gemacht. Die Forellen müssen gelbbraun gebacken und mit gebackener Petersilie garniert werden.

37. Forellen blau gekocht. Die Forellen müssen ausgenommen, reingewaschen und mit Weinessig begossen werden, dass sie blau werden. Darauf lässt man Wasser mit Salz, gewürzen und Lorbeerblättern kochend werden. Die Forellen werden darein getan. Man lässt sie garkochen und gibt sie mit geschmolzener Butter zur Tafel.

38. Elritzen zu kochen. Diese werden, wie die Schmerlinge, blau gekocht.

39. Stinte zu kochen. Auch diese werden blau gekocht oder gebacken.

40. Seezungen zu kochen. Wie Schellfische.

Seezunge

41. Dörsche zu kochen. Sie werden blau mit Butter und Petersilie gekocht.

42. Klipfische zu kochen. Sie werden mit Wasser und Salz gargekocht und mit einer Senfsauce gegeben.

43. Butten zu kochen. Sie werden mit Wasser und Salz abgekocht und mit einer Petersiliensauce aufgetragen. Siehe Sauce Reg. 13.

44. Frische Neunaugen zu kochen. Sie werden blau gekocht mit Wasser und Salz. Die Sauce Poivrade wird kalt dabeigegeben. Dazu nimmt man Essig auf einen teller, gehackte Zwiebeln, Petersilie, Pfeffer, Zitronen und Baumöl und dann wird alles gut durchgeschlagen.

45. Stör mariniert. Der Stör wird abgeschuppt und gewaschen. Darauf macht man eine Marinade von Weinessig, Pfeffer, Salz und Lorbeerblättern. Sie wird ein wenig heiß gemacht und der Fisch wird hineingelegt. Hernach wird er abgedrückt, in Eiern umgekehrt, mit Mehl bestreuet und in heißer Butter ausgebacken.

46. Froschfisch. Wird eben auf die Art wie der Stör bereitet.

47. Trockne Schollen zu kochen. Die trocknen Schollen werden in warmem Wasser eingeweicht und dann im Wasser und Salz gargekocht. Darüber wird eine Sauce blanche gegeben oder sie werden mit grünen Erbsen aufgetragen. Siehe Saucen Reg. 1.

48. Schollenzungen. Die Schollen-Zungen werden wie Kabeljau gekocht und mit Senf und Butter gegeben. Man kann sie aber auch backen.

49. Sanders zu kochen. Diese werden mit Rüben gekocht.

50. Quabben oder Quappen gebacken. Sie werden erst in einer Marinade von Weinessig, Salz, Zwiebeln und Pfeffer gebeizt, dann abgetrocknet und aus einer Klare in heißer Butter gebacken.

51. Krebse abzukochen. Die Krebse werden reingewaschen und dann im Wasser mit Salz, Petersilie und Kümmel gargekocht.

52. Krebse am Spieß gebraten. Sie werden an einen Vogelspieß gesteckt, am Feuer gebraten und mit Butter begossen. Dazu wird eine Sauce von gehackten Zwiebeln, Petersilie, Pfeffer, Weinessig und Salz durchgeschlagen und dabeigegeben.

53. Krebse zu farcieren. Die Krebse müssen abgekocht werden mit Wasser und Salz. Darauf werden sie ausgebrochen. Die Schwänze werden mit Rührei und Butter und geriebenem Weißbrot zur Farce gemacht. Diese wird wieder in die Schalen gefüllt, die im Backofen gargebacken und mit einer Sauce von Krebsbutter, die mit Zitronensaft legiert ist, aufgegeben. Krebsbutter, siehe Einleitung Reg. 15.

54. Kleine Granaten zu kochen. Wenn sie reingewaschen sind; so werden sie im Wasser und Salz wie die Krebse gekocht.

55. Krebseiter zu machen. Wenn die Krebse reingewaschen sind; so werden die Köpfe lebendig, so weit die Schale ist, abgeschnitten und in einem Mörser mit sechs oder zwölf Eiern feingestoßen. Dann gießt man ein Maß Milch darauf und lässt es eine Stunde stehen. Hernach wird es durch ein Haartuch getrieben, dass die Kraft herauskommt. Man setzt alsdann die Milch auf das Feuer, lässt sie langsam aufkochen, gießt sie durch ein Sieb, dass die Wake (Molke) abläuft und braucht es dann zu Kuchen mit Blumenkohl mit Sauce oder auch in die Krebs-Suppe.

56. Schildkröten zu kochen. Man hauet der Kröte den Kopf, die Füße und den Schwanz ab. Wenn sie die Füße nicht ausstrecken wollen; so hält man ein glühend Eisen darüber. Darauf kocht man sie mit Wasser, Salz, Zwiebeln, Lorbeerblätter und Gewürzen. Nun wird das Schild abgebrochen, das Fleisch gliedweise abgeschnitten, im Mehl umgekehrt und in brauner Butter gebraten. Das Geweide wird weggeworfen. Die Leber ist gut. Die Galle muss aber davongemacht werden. Darauf wird der Fisch mit Zwiebeln, Thymian und Gewürzen wie ein Frikassee mit Bouillon gekocht, mit dem Gelben von zwei Eiern und Weinessig legiert, die Schildplatten werden auf eine Schüssel gelegt und dann wird das Frikassee darauf angerichtet.

57. Frösche zu kochen. Den Fröschen wird die Haut abgezogen, darauf werden die Keulen abgeschnitten, mit Essig, Zwiebeln, Salz und Pfeffer gebeizt und wie ein Frikassee gekocht.

58. Frösche zu backen. Wenn den Fröschen die Haut abgezogen ist; so legt man die Hinterkeulen in Essig, Zwiebeln, Salz und Pfeffer. Damit werden sie heiß gemacht, wieder herausgenommen und abgetrocknet. Darauf werden sie in Eier gelegt, mit Mehl bestreuet und in heißer Butter gargebacken.

59. Schnecken zu kochen. Des Winters, wenn die Schneckenhäuser zu sind; so kocht man Wasser und Asche von Buchen in einem eisernen Topfe, wirft die Schnecken darein und lässt sie zwölf Stunden kochen. Nun werden die Häuser aus der Lohe genommen und abgewaschen. Man nimmt darauf die Schnecken mit einer Spicknadel heraus, nimmt die Haut ab und reiniget sie mit Wasser und Salz, bis sie nicht mehr riechen. Nun werden sie einpassiert zum Frikassee mit Butter, Bouillon, Mehl, gehackter Petersilie, Muskatblumen, Salz, Thymian und Zitronensaft. Damit lässt man sie eine Stunde kochen, scheuert die Schneckenhäuser mit Wasser und Salz, dass sie recht rein werden, macht eine Farce von Kalbsbraten, Butter, drei Eiern, gehackter Petersilie, Muskatblumen, Salz und geriebener Semmel, wann alles recht feingehackt ist, tut erstlich ein wenig Farce in das Schneckenhaus, dann eine Schnecke, dann wieder Farce und macht sie damit zu. Endlich werden die Schneckenhäuser mit einer Sauce von Zitronensaft und Bouillon gekocht.

60. Noch von Schnecken. Schnecken können auch gespickt und gebraten mit Coulligesauce gegeben werden. Mit Spinat werden sie ferner gekocht. Auch gibt man sie zum Ragout mit einer Sardellensauce, und ferner noch mit Sauerkohl. Noch können sie wie Frösche gebacken oder auch mit Fleischklümpchen als Frikassee aufgegeben werden. Sardellensauce, siehe Saucen Reg. 33.

61. Auster zu braten. Man öffnet die Schalen, bärtet die Austern ab und mache sie los in der Schale. Hiernächst tut man Butter daran, bestreut sie mit geriebenem Weißbrot und Muskatblumen, lässt sie auf dem Roste braten und hält eine glühende Schaufel darübel, dass sie gelbe werden, oder man tut sechs oder acht Austern in eine große Coquille und lässt sie darinnen braten.

62. Austern aus der Klare zu backen. Den Austern werden die Bärte abgemacht, dann werden sie in eine Klare von Mehl, Wein, Muskatblumen und vier Eierdottern gelegt und aus Butter gebacken.

63. Austern mit Sauerkohl. Der Sauerkohl wird mit Butter gargekocht, darauf werden die Austern mit Butter, Mehl und süßem Rohm gekocht und zwischen dem Sauerkohl angerichtet. Der Kohl wird endlich mit geriebenem Brot und Zucker bestreut und oben braun gemacht.

64. Noch von Austern. Man gibt auch Austern mit Rüben, ferner zum Ragout und auch zum Frikassee.

65. Austern farciert. Die Austern werden ausgemacht, mit Butter, drei Eiern, geriebenem Zwieback, ein wenig Wein und Zitronen gehackt, dann wieder in die Schale gefüllt, gebacken und warm auf die Tafel gegeben.

66. Muscheln zu kochen. Sie müssen im Wasser mit einem Besen recht gut gefegt werden. Darauf werden sie mit Wasser, Zwiebeln und etwas Salz gargekocht und mit den Schalen und geschmolzener Butter auf die Tafel gegeben.

Anmerk. Wenn die Zwiebeln schwarz werden; so sind giftige darunter.

Die Muscheln können auch als Ragout oder Frikassee gekocht werden. Dann müssen sie aber aus den Schalen genommen und reingeputzt worden sein. Man kann sie an Hühner- oder Kalbfleisch kochen oder woran man will. Auch kann man sie mit Weinessig und Gewürzen wir Gurken einmachen. Sie werden mit Talg begossen und an Ragouts gebrauchet.

67. Seehummer zu kochen. Die müssen mit Wasser und Salz gargekocht werden und dann wird eine Sauce von gehackter Petersilie, Baumöl, Zitronen, Zucker und Senf dazugegeben.

68. Hummer zu farcieren. Man nimmt das Fleisch aus den Hummern. Das wird gehackt und zur Farce gemacht mit vier gerührten Eiern, mit Semmel, Butter, Zwiebeln, Muskatblumen und zwei rohen Eiern. Mit dieser Farce werden die Schalen wieder ausgefüllt, darauf werden sie mit Butter bestrichen und gebacken.

69. Farcierten Aal mit Austersauce. Der Aal wird abgezogen, die Flossen werden abgeschnitten, über den Rücken wird er dann aufgeschnitten und das Rückgrat herausgenommen. Ist das geschehen; so wird er ein wenig breitgeklopft. Nun macht man eine Farce von Fisch, füllt den Aal damit und nähet ihn auf dem Rücken wieder zu. Darauf nimmt man eine gut verzinnte Tortenpfanne, schneidet Speckscheiben, belegt den Boden damit, biegt den Aal krumm zusammen, legt ihn auf den Speck in die Pfanne, tut Zwiebeln, Lorbeerblätter, Muskatblumen, ein wenig Salz, Butter, ein wenig Jus oder Wasser und einen Löffel von Provencer Öl dazu, bestreicht den Aal mit Butter, bestreut ihn mit feingeriebener Semmel und lässt ihn so für anderthalb Stunden hellbraun garbacken. Soll er in der Tortenpfanne gebacken werden; so muss man unten und oben Feuer geben. Endlich gibt man die Austersauce auf die Schüssel, legt den Aal darauf, zieht den Faden behutsam heraus und trägt es warm zur Tafel.

70. Gefüllte und gebackene Schmerlinge. Drei bis vier ganze Eier werden in einem Geschirre durcheinandergeschlagen, dazu tut man ein halb Maß gute fette Milch und rührt es wieder damit durch. Die Schmerlinge werden alsdann aus dem Wasser auf einen Durchschlag gegossen, dass das Wasser reine und trocken ablaufe; darauf tut man sie in die bereitete Milch mit Eiern und lässt sie eine halbe Stunde darinnen stehen. Ist das geschehen; so nimmt man die Fische heraus, macht sie tot, tut sie in eine Kasserolle, schlägt zwei ganze Eier darauf und schwenkt sie damit durch. Nun wird feine Semmel gerieben, dazu tut man einen Löffel voll Mehl, mengt es durch und kehrt alle Fische einzeln darinnen um. Sie werden einzeln gelegt, dass sie nicht aneinander kleben, und in abgeklärter heißer Butter gargebacken. Dazu wird endlich Petersilie abgepflückt, rein abgewaschen, abgeschwenkt, dass kein Wasser darinnen bleibe, in die heiße Butter geworfen und harte gebraten. Man nimmt sie alsdann mit dem Schaumlöffel heraus, lässt die Butter ablaufen und streut sie, beim Anrichten, über die gebackenen Schmerlinge.

71. Aspizen von Fischen. Man kann dazu Hechte, Karpfen und auch Barsche gebrauchen. Die Letzten müssen aber groß sein. Wenn sie abgeschuppt und rein ausgewaschen sind; so werden sie in die Länge durchgeschnitten, ein bisschen eingesalzet, mit einem Tuche wieder abgetrocknet und in Butter gargebraten. Nun legt man den Fisch in ein irdenes Geschirre, kocht eine Marinade von ein wenig Weinessig, etwas Wein, Lorbeerblättern und Zwiebeln und gießt sie auf die Fische.

Darauf wird eine Konsume, nach Reg. 20 in der Vorbereitung, gekocht, die Fische werden auf eine Schüssel gelegt, bunt gemacht und die Konsume kalt darübergegeben und zur Tafel gebracht.

72. Roulade von Hechten oder Karpfen. Die Fische werden ausgenommen, abgeschuppt und saubergewaschen. Darauf wird der Fisch durchgeschnitten, ganz ausgegrätet, ein wenig breit geklopft und mit Eiern bestrichen. Nun schmieret man mit einem Messer ein wenig Farce darauf, rollt es auf und spickt es fein. Ist das so weit geschehen; so legt man Speckscheiben in ein Geschirre, etwas Schinken, Zwiebeln und Lorbeerblätter, darauf legt man die Rollen, gießt Salz und Butter darüber und lässt es so im Backofen garbacken. Sollte es von unten zu stark gehen; so gießt man ein wenig Wein oder Bouillon darunter.

Anmerk. Diese Rouladen können auch am Spieß gebraten werden. Die Sauce dazu ist von Jus mit Kapern. Auch Sardellensauce kann dazugegeben werden. Siehe Saucen Reg. 33. Die Roulade wird auf die Sauce gelegt.

Fünfzehntes Stück

Von allerlei Braten

1. Ein Hirschzimmer zu braten. Man kann von einem Zimmer drei, auch wohl nur zwei, Braten scheiden, nachdem die Tafel größer oder kleiner ist. Die Häute werden bis aufs rote Wildbret davongeschnitten, darauf wird der Braten mit feinem Speck gespickt, mit Bindfaden durchgezogen, am Spieße feste angebunden und zwei Stunden langsam gebraten.

Die Blätter und die Keulen können auch gebraten werden, wenn die fein gespickt sind. Die Keulen müssen aber wohl vier Stunden braten oder sie müssen durchgehauen, in zwei Braten geteilt und mit Butter begossen werden.

Wildschwein

2. Ein wild Schweinezimmer oder Keule zu braten. Die feiste Haut bleibt auf dem Zimmer oder auf der Keule. Man lässt den Braten zwei Stunden langsam am Spieße braten und begießt ihn mit Butter.

Auf ebendie Art werden die zahmen Schweine am Spieße oder im Backofen gebraten.

3. Ein Spanferkel zu braten. Man nehme ein rechtes festes Ferkel von vier Wochen, brenne die Haare mit heißem Wasser ab und nehme es aus. Kopf und Beine bleiben daran. Die Beine werden untergebogen und dann wird es zwei Stunden am Spieße gebraten und mit einem Stück Speck bestrichen, dass es recht hart wird. Beim Anrichten wird ihm eine Zitrone in den Hals gesteckt und dann ohne Butter zur Tafel gegeben.

Zubereitung eines Spanferkels

4. Einen Hasen zu braten. Wenn der Hase abgestreift ist; so wird der Kopf, die Blätter und die Brust davongeschnitten, darauf schneidet man auch die Häute mit einem Speckmesser fein ab und schlägt mit dem Messerrücken auf die Hinterkeule, dass der Knochen abgehet. Ist das geschehen; so wird er fein gespickt, eine Stunde am Spieße gebraten und fleißig mit Butter begossen.

Kaninchen werden auf dieselbe Art gebraten.

5. Feldhühner zu braten. Wenn die Hühner reingemacht und ausgenommen sind; so werden die fein gespickt. Kopf und Füße bleiben daran. Der Kopf wird mit Papier bewickelt, die Füße eingebogen und so werden sie am Spieße eine halbe Stunde gebraten und mit Butter begossen.

6. Fasane zu braten. Wenn die Fasane reingemacht und ausgenommen sind, so werden sie eingebogen. Sind sie fett; so werden sie mit Papier bewickelt, welches mit Butter beschmieret worden ist, und eine Stunde am Spieß gebraten. Kopf und Füße bleiben daran. Der Kopf bleibt rau. Sind sie aber nicht fett; so werden sie fein gespickt.

Ein Auerhahn und Berghühner werden ebenso gebraten.

7. Waldschnepfen zu braten. Die Schnepfen werden rein abgepflückt. Kopf und Füße bleiben daran. Das Eingeweide wird herausgenommen, feingehackt und auf geröstete Semmel geschmieret. Die Füße werden umgebogen und mit dem Schnabel durch die Lenden gestochen. So werden sie eine Stunde am Spieß gebraten und mit Butter begossen. Das geröstete Brot legt man unter die Schnepfen in die Bratpfanne, dass es braun und gar wird.

8. Wasserschnepfen zu braten. Wenn sie reine sind; so sticht man die Schnäbel durch die Keule und so werden sie unausgenommen am Spieße gebraten und mit Butter begossen.

9. Krammetsvögel zu braten. Auch diese werden erst gereinigt und unausgenommen am Spieße gebraten. Sie werden mit Butter begossen und zuletzt mit gestoßenen Wacholderbeeren und geriebenem Brot bestreut.

10. Eingemachten Rehbraten von einer Hammelkeule zu machen. Der Hammel wird wie ein Reh in Zimmer und Keulen zerlegt. Darauf nimmt man Essig, dünnes Bier und für drei mgr. Salpeter, macht es warm und legt den Braten zwei Tage und zwei Nächte darein. Nun wird es wieder eine Nacht in frisch Wasser gelegt, dass es auszieht, fein gespickt, wie ein Rehbraten am Spieße gebraten und mit Butter begossen.

Reh

11. Kapaune zu braten. Wenn die Kapaune fett sind; so werden sie mit Speckscheiben in Papier gewickelt und eine Stunde am Spieße gebraten. Sind sie nicht fett genug, so werden sie gespickt.

Ebenso werden auch junge Hühner gebraten.

12. Junge Tauben zu braten. Die jungen Tauben werden am Spieße eine halbe Stunde gebraten und mit Butter begossen.

13. Kalbsbraten zu machen. Wenn der Braten rein abgewaschen ist; so wird er zwei Stunden am Spieß gebraten und fleißig mit Butter begossen.

14. Hammelbraten zu braten. Der Hammelbraten wird zuvor fleißig geklopft und dann zwei Stunden am Spieß gebraten.

15. Lammbraten zu braten. Die beiden Hinterviertel bleiben zusammen und werden, wie ein Hase, am Spieße gargebraten und mit Butter begossen. Man macht alsdann eigrüne Rokensauce darunter und richtet darauf an. Siehe Saucen Reg. 5.

16. Gänsebraten zu braten. Die Gans wird erst reine gepflückt, ausgenommen und gewaschen, dann füllt man sie mit geschälten Äpfeln und trocknen Zwetschgen und lässt sie zwei Stunden am Spieße braten.

17. Kalkuten zu braten. Es mögen alte oder junge sein, wenn sie mager sind, so müssen sie gespickt werden. Sind sie aber fett; so werden sie mit Speck und Papier bewickelt, zwei Stunden am Spieße gargebraten und mit Butter begossen.

18. Enten zu braten. Wenn sie reine gemacht, ausgenommen und abgewaschen sind; so werden sie eine Stunde am Spieße gebraten.

19. Rostbeuf von Rindfleisch. Man nimmt ein Nierenstück, schneidet das Fett heraus, klopft es gut durch, dass es mürbe wird, spickt es mit ganzen Nelken und Rosmarin, bindet es an einem Bratspieß feste und lässt es vier Stunden langsam braten. Es muss aber ein Stück von zwölf oder mehr Pfunden sein. Man kann es auch wohl zwei Tage vorher mit ein wenig Salz einsprengen und hernach wieder abwaschen.

20. Rinder- oder Schweinemürbbraten zu braten. Die Mürbbraten werden bei der Niere weggeschnitten, fein gespickt, eine Stunde wie ein Hase am Spieß gebraten und mit Butter begossen.

21. Tauben oder junge Hühner wie Feldhühner zu braten. Man kochet Weinessig auf und gießt jeder Taube oder jedem Huhn einen Löffel voll von dem Essig in den Hals, dass sie davon sterben. Darauf werden sie trocken gepflückt, aufgespült, als Feldhühner gespickt, am Spieß zu braten und mit Butter begossen.

22. Leipziger Lerchen zu braten. Die Lerchen müssen reine gemacht, flammiert, mit Eiweiß bestrichen, mit geriebenem Weißbrot bestreuet und eine Viertelstunde am Spieße geschwinde gebraten werden, damit das Fett darinnen bleibe.

Ortolanen können nach derselben Art gebraten werden. Oder man nimmt auch halbe Eierschalen, bestreicht sie vorher mit Butter, legt in jede einen Vogel und lässt sie eine halbe Viertelstunde darinnen braten.

Sechzehntes Stück

Vom Salat

1. Salat von Semmel. Erstlich schneidet man die Semmel in Scheiben, danach schneidet man die Rinde davon und schneidet die Scheiben zu beliebigen Figuren aus, als der Sterne, des Mondes usw. Diese Figuren werden in heißer Butter ausgebacken, sodass es nicht zu harte werde. Man nimmt sie darauf aus der Butter, lässt sie ablaufen und legt sie auf Papier, damit das Fett noch in das Papier ziehe. Ist es nun kalt geworden; so legt man davon eine Schicht auf eine Assiette, bestreut dieses mit gehackten Kapern, legt wieder eine Schicht von der Semmel darauf, bestreut es nun mit gekochtem und fein gehacktem Eierdotter und mit etwas Brot und begießt es endlich mit Essig und Baumöl.

2. Kopfsalat mit Sauce. Der Salat wird reine abgelesen, abgeputzt, in der Mitte durchgeschnitten, gewaschen in einer Serviette rein ausgeschwenkt und auf die Assiette gelegt. Dazu macht man eine Sauce. Es werden zwei Eier hartgekocht, das Gelbe daraus wird feingehackt und auf einen Saladier gelegt. Hierauf gibt man Baumöl, Zucker und etwas Senf und schlägt es recht gut durcheinander. Endlich gießt man so viel Essig dazu, als man zum Salat glaubt nötig zu haben.

3. Kopfsalat mit Specksauce. Wenn der Salat abgelesen, in der Mitte durchgeschnitten, reine ausgewaschen und ausgeschwenkt worden ist; so wird er so auf eine Schüssel gelegt, dass die aufgeschnittene Seite oben zu liegen kommt. Darüber gibt man die Sauce. Man lässt ein Stück Butter in einer Kasserolle gelbe werden, gibt dann ein Viertelpfund feingewürfelten Speck dazu und lässt es darinnen braune werden. Ist das soweit geschehen; so nimmt man den Speck mit einem Schaumlöffel heraus und legt ihn auf einen Teller. In die Kasserolle tut man einen halben Löffel voll Mehl, lässt es in dem Fette auf dem Feuer durchschwitzen, gibt dann Essig und Wasser darauf, lässt es zusammen kochen und versorgt es mit dem nötigen Salze.

Nun tut man vier Eierdotter in ein Geschirre, rührt selbige fein durch und rührt die Sauce, Löffel vor Löffel, dazu. Endlich rührt man dies zusammen auf dem Feuer, bis zum Aufkochen, gut durch und gibt es über den Salat. Der bewahrte Speck wird darübergestreut. Freunde vom Zucker können auch ein wenig Zucker mit in die Sauce rühren.

4. Heringsalat. Die Heringe werden gewaschen, die Haut wird abgezogen, das Fleisch von den Gräten gesondert, in feine Würfel geschnitten und in kaltes Wasser gelegt, damit alles Salz herausziehe. Darauf schneidet man abgekochte kalte rote Rüben, kalten Kalbsbraten, eingesetzte Gurken und geräucherte Rindszunge, jedes alleine, in feine Würfel. Nun wird von zwei hartgekochten Eiern das Weiße und Gelbe, jedes wieder alleine, und auch Äpfel und Kapern feingehackt. Ist dies alles berichtiget; so legt man die Heringe auf einen Durchschlag, dass das Wasser ablaufe: Nun legt man einen Löffel voll Hering auf den innern Rand der Schüssel, dann einen Löffel voll rote Rüben, dann einen von Kapern, dann von gelbem Ei, dann wieder Hering, dann Gurken, dann weiß Ei, dann Zunge, dann Äpfel usw. bis die Schüssel voll ist. Endlich wird der Salat mit Essig und Baumöl begossen.

Man kann nach Gefallen auch feingehackte Petersilie und feingehackte Zwiebeln dazunehmen und es mit Pfeffer bestreuen.

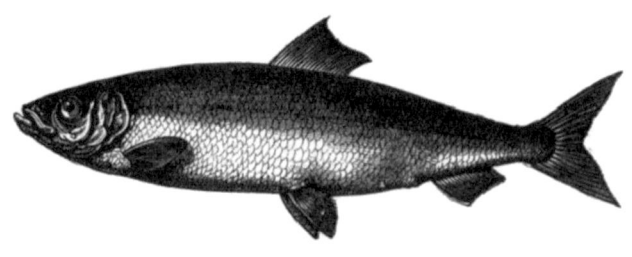

Hering

5. Sardellensalat. Die Sardellen werden erst in Wasser gelegt und ausgewässert. Man reibt sie alsdann zwischen den Fingern; dass die Haut abgeht, und legt sie wieder in reines Wasser, dass das Salz ganz ausziehe. Darauf mengt man feingeschnittenen Kalbsbraten, feingeschnittene Gurken, feingeschnittene Kapern und ein paar feingehackte Eierdotter durcheinander und tut es zusammen auf eine Assiette. Die Sardellen werden hiernächst mit dem Messer ausgegrätet, aufgerollt oder aufgewickelt und so in Rollen auf das Eingemengte dicht nebeneinander gesteckt. Endlich begießt man dieses mit Baumöl und Essig. Zur Zeit der Fasten bleibt das Fleisch zurück.

6. Ein komponierter Salat. Man nimmt Zuckerwurzeln, Sellerie, Petersilienwurzel und ganze Stangen von Porree oder Breitlauch, putzt alles aus und wäscht es reine ab. Den Sellerie schneidet man in Scheiben, die Wurzeln eines halben kleinen Fingers lang und fein durch, ebensolang auch den Porree. Darauf lässt man in einer Kasserolle Wasser und Salz kochen, tut es darin und lässt es garwerden. Nun wäscht man einige Kartoffeln, kocht sie auch im Wasser gar, zieht die Haut ab und schneidet sie in Scheiben. Das Erstere, wenn es gar ist, gibt man auf einen Durchschlag, dass das Wasser ablaufe, und lässt es kalt werden. Endlich tut man es zu den Kartoffeln, mengt es durch, gibt ein wenig Salz, Essig und Baumöl darüber und bestreut es mit Pfeffer. Auch Haberwurzeln können nach derselben Art zugerichtet und dazu gebraucht werden.

Anmerk. Das Übrige ist zu gemein, als dass es hier brauchte angegeben zu werden.

Ende des ersten Bandes

Zweiter Band

Erstes Stück

Von allerhand Mehlspeisen

1. Ein englischer Pudding. Dazu wird erstlich für drei mgr. Weißbrot in Milch eingeweichet und ein halb Pfund Butter mit acht ganzen Eiern zum Schaum geschlagen. Das Brot wird darauf ausgedrückt und mit dem Schaum, samt Zucker, Rosinen und Korinthen durchgerührt. Darauf beschmieret man ein reines Tuch mit Butter, bindet das Eingerührte darinnen zu und lässt es im Wasser oder Bouillon zwei Stunden kochen. Man richtet es nun an und gibt eine Sauce dabei von Butter, ein wenig Mehl, drei Eierdottern und Zucker. Auch kann man eine andere Sauce dabei oder darüber geben, nämlich von Butter, Mehl, drei Eierdottern, Wein, Canehl, Zitronenschalen und Zucker.

2. Pudding von Reis. Dazu wird erst ein Pfund Reis mit Milch dicke gekocht. Darauf schlägt man ein halb Pfund Butter mit dem Gelben von acht Eiern zum Schaum, dazu gibt man Zucker, Rosinen, Korinthen, eine Handvoll Brunellen, Canehl und Zitronenschalen, rührt es alles wohl durch, lässt es, wie oben, in einem butterbeschmierten Tuche zwei Stunden im Wasser und Salz kochen und gibt es mit einer Milchsauce zur Tafel, wie in dem Ersten.

3. Pudding von Spinat. Wenn der Spinat abgekocht und wieder abgetrocknet ist; so wird er feingehackt. Hiernächst schlägt man ein halb Pfund Butter mit zehn ganzen Eiern zum Schaum, dazu rührt man den Spinat, etwas Weißbrot, das vorher in Milch geweicht und wieder ausgedrückt wurde, ein wenig Zucker, Korinthen und Muskatblumen. Nun wird es, wie oben, in einem Tuche zwei Stunden in Bouillon gekocht und mit einer Krebssauce angerichtet.

4. Pudding von Wurzeln. Man reibt ein Pfund Wurzel auf dem Reibeisen und rührt ein halb Pfund Butter mit acht Eierdottern und zwei ganzen

Eiern zum Schaum. Dazu rührt man alsdann auch die Wurzeln und noch zwei Handvoll gerieben Weißbrot, Korinthen, Zucker und Muskatblumen. Nun wird es, wie oben, in einem butterbeschmierten Tuche zwei Stunden in Bouillon gekocht und mit einer Hagebuttensauce mit Wein angerichtet.

5. Pudding von Äpfeln. Man macht einen dicken Äpfelbrei und rührt ein Viertelpfund Butter mit sechs Eiern zum Schaum. Darauf weicht man Weißbrot in Milch ein und drückt es wieder aus. Ist das geschehen; so wird dieses Brot mit dem Schaum und Äpfeln nebst Zucker, Canehl, Zitronenschalen und Korinthen wohl durcheinandergerührt, wie oben zwei Stunden in einem Tuche in Bouillon gekocht und mit einer Weinsauce zur Tafel gegeben.

6. Pudding von Habergrütze. Man kocht die Habergrütze mit Milch zu einem dicken Brei und reibt es alsdann durch ein Haartuch. Darauf wird ein halb Pfund Butter mit zwölf Eiern zum Schaum gerührt. Dazu rührt man den durchgeriebenen Schleim mit Zucker, Canehl, Zitronenschalen, Korinthen, ein wenig Rindermark und etwas von geriebenem Weißbrot. So wird es endlich in einem Tuche, wie vorhin, gargekocht und mit einer Milchsauce zur Tafel gegeben.

7. Pudding von grünen Erbsen. Die Erbsen werden blanchiert, abgedrückt, im Mörser gestoßen und durch einen feinen Durchschlag gerieben. Darauf schlägt man ein halb Pfund Butter mit vier ganzen Eiern und noch mit dem Gelben von vier Eiern zum Schaum, weicht etwas Weißbrot in Milch und drückt es wieder aus. Ist dies geschehen; so werden die Erbsen, der Schaum und das Weißbrot noch mit Zucker und Canehl durchgerührt. So wird es nun, wie vorher, in einem Tuche zwei Stunden gekocht und mit einer Sauce von grünen Erbsen, Kräutern und Bouillon zur Tafel gegeben.

8. Ein englischer Brei. Man lässt ein Viertelpfund Butter in einer Kasserolle gelbbraun werden, lässt es dann mit zwei Löffeln voll Mehl und einem Viertelpfunde Zucker schwitzen und kocht es dann mit Milch, Zucker, Canehl und Zitronenschalen zum Brei, der sich mit dem Löffel ziehen lässt. Darauf werden acht Eier gut geklopft und dazugetan. Nun macht man um die Schüssel einen Rand von Teig, beschmieret ihn mit Butter, gibt den Brei durch ein Sieb auf die Schüssel, lässt es langsam garbacken und gibt es warm zur Tafel.

9. Einen Krebsbrei zu machen. Man lässt ein halb Pfund Krebsbutter mit einem Viertelpfund Mehl und einem Viertelpfund Zucker gut durchbraten und kocht es mit Zucker, Milch, Gewürzen und Zitronenschalen zum Brei. Nun werden acht Eier wohl durchgeschlagen und dazu gerührt. So gibt man es nebst gehackten Krebsschwänzen auf die Schüssel und lässt es langsam garbacken.

10. Eierkäse zu machen. Man lässt anderthalb Maß Milch aufkochen. Darnächst werden 18 bis 20 Eier mit ein wenig Salz brav geklopft und zu der Milch getan. Nun lässt man es einmal aufkochen, dass es käset, alsdann wird es abgesetzt und bleibt eine Viertelstunde stehen. Ist die Zeit über; so wird der Käse in eine Forme mit Löchern mit dem Schaumlöffel getan. Nun läuft die Molke vollends ab und der Käse setzt sich. Es wird mit einer Milch- oder mit einer Weinsauce mit Korinthen gegeben.

11. Semmelstrauben. Nimm ein halb Pfund abgeklärte Butter und rühre sie mit zwei Eierdottern und zwei ganzen Eiern zum Schaum. Dazu rühre dann gerieben Weißbrot, Korinthen und Muskatblumen. Davon macht man hernach runde Klumpen oder Nudeln eines Fingers dicke und eines Fingers lang und lässt sie in heißer Butter braun backen. Nun werden sie in eine Kasserolle gelegt, man gibt ein halb Maß Wein, etwas Wasser, Zucker, Canehl und Zitronenschalen darauf, lässt es so zwei Stunden an einem warmen Orte stehen und lässt es zuletzt aufkochen.

12. Äpfelstrauben. Dazu wird erstlich ein dicker Äpfelbrei gekocht mit ein Viertelpfund Butter, ein Viertelpfund Zucker, Korinthen, Canehl, geriebenem Weißbrot und Zitronenschalen. Davon macht man Nudeln, setzt die in Wein, Zucker, Canehl, Zitronenschalen und Korinthen und lässt sie eine Viertelstunde langsam kochen.

13. Dampfnudeln zu machen. Wenn es eine große Schüssel voll sein soll; so knetet man ein Pfund Mehl, vier Eierdotter, ein wenig Zucker, Muskatblumen, Canehl, guten Gest und einen Löffel voll Butter mit ein wenig warmer Milch zum steifen Teige. Darauf beschmiert man eine Kasserolle oder eine Schüssel mit einem Rande mit Butter, legt kleine Klümpchen davon hinein und setzt es an einen warmen Ort. Nun gibt man gekochte Milch mit Butter darüber und lässt es langsam backen. Es wird warm zur

Tafel gebracht und süßer Schmand, Zucker, Canehl und Butter dabei oder darüber gegeben.

14. Raspelsemmel mit rotem Weine. Man nimmt kleine runde Raspelsemmel, höhlt die Krume heraus und füllt sie mit einer dicken, weißen Weincreme. Sie werden alsdann auf eine Schüssel gegeben, um die ein Rand gelegt worden ist. Nun wird eine Bouteille roter Wein mit Zitronenschalen, Zucker und Canehl gekocht, über die Semmeln gegossen und im Backofen gelbbraun gebacken. Es wird warm zur Tafel gegeben, vorher aber noch mit Zucker bestreut.

15. Auf eine andere Art. Man höhlt, wie oben, die Krume aus den Semmeln und füllt sie mit einem Frikassee, Kälberbrissel, Hachee von Fleischwerk oder auch Austern. Man macht alsdann das Loch wieder zu, kehrt es in Eiern um, bestreut es mit geriebenem Weißbrot und lässt es aus heißer Butter backen. Wenn es mit Frikassee gefüllt ist; so wird es warm zur Tafel gegeben, sonst auch kalt.

16. Eine andere Art Mehlspeise. Man macht einen steifen Teig von gutem Mehl, Milch und Eierdottern. Dieser wird auf einer Reibe gerieben, in süßer Milch gargekocht und in Durchschlag gegossen, dass die Milch abläuft. Darauf wird ein halb Pfund Butter mit vier ganzen Eiern und vier Eierdottern zum Schaum geschlagen und mit dem Ersteren nebst einem Viertelpfund Zucker, Muskatblumen, Canehl und Zitronen durcheinander gerührt. Ist das geschehen; so wird eine Schüssel mit Butter beschmiert, das Eingerührte darauf gegeben, im Backofen gelbbraune gebacken, mit Zucker bestreut und warm aufgetragen.

17. Noch auf eine andere Art. Ein Löffel voll Mehl, Milch, sechs Eierdotter, Zucker, Canehl und Zitronenschalen werden zu einer Creme gerührt. Diese wird auf eine mit Butter beschmierten Schüssel gegeben, im Backofen gelbbraun gebacken, mit Zucker bestreut und warm gegeben.

18. Wieder auf eine andere Art. Ein halb Pfund Butter wird mit dem Gelben von acht Eiern zum Schaum gerührt. Dazu rührt man hernach ein halb Pfund Mehl und Muskatblumen. Davon werden Nudeln gemacht, die man in Milch kocht und wieder herausnimmt. Hierauf beschmiert man eine Schüssel mit Butter, legt das gekochte darauf, begießt es mit einer Milchcreme, bestreut es mit Zucker und geriebenem Weißbrot und lässt es im Ofen gelbbraun backen.

19. Noch eine andere Art von Mehlspeise. Es wird erste eine Creme abgerührt von einem Löffel voll Butter, einem Löffel voll Mehl, Milch, Canehl und Zucker. Darauf schält man Borsdorfer Äpfel, legt sie auf eine Schüssel, gießt die Creme darüber, lässt es im Backofen gelbbraun backen und bestreut es mit Zucker und Weißbrot.

20. Noch auf eine andere Art. Man macht einen steifen Teig von einem Pfunde Mehl, einem haben Pfunde Butter, ein wenig Milch, von sechs Eierdottern, Muskatblumen, Gest, Zucker und Salz. Diesen Teig kocht man stückweise im Wasser gar und richtet es mit brauner Butter oder mit einer Kirschsauce an.

21. Noch eine andere Art von Mehlspeise. Dazu macht man einen Teig von Mehl, Eierdottern und von ein wenig Milch. Diesen Teig rollt man aus, schneidet ihn in Striemen und lässt sie in heißer Butter ausbacken. Man legt sie nun auf eine Schüssel und gibt eine Milchcreme darüber, bestreut es mit Zucker und geriebenem Weißbrot und lässt es im Backofen gelbbraun backen.

22. Quittenschnee. Es werden sechs oder acht Quitten geschält, die Kerne herausgenommen, und mit Wein, Zucker, Canehl und Zitronenschalen gargekocht. Darauf schlägt man von sechs Eiern das Weiße zum Schaum und rührt diesen zu der gekochten Quittenmark. Dieses wird nun endlich auf Oblaten geschmiert und langsam im Backofen gargebacken.

23. Flembris von Reismehl. Man koche ein halb Pfund Reismehl mit Milch, gehackten Zitronenschalen, Zucker, mit zwei Lot gestoßenen bittern Mandeln und Canehl und rühre es mit einem hölzernen Löffel herum, bis dass es ein dicker Brei wird. Darauf werden kleine Formen in das Wasser gelegt, wieder herausgenommen und mit dem gekochten Brei gefüllt. Man lässt es in den Formen stehen, dass es kalt werde, darnächst aber wird es aus den Formen auf eine Schüssel gelegt und mit rotem Weine und Zucker zur Tafel gegeben.

24. Einen Zaunigel von Reis. Man kocht ein halb Pfund Reis mit Milch, Zucker und Canehl ganz dicke. Darauf taugt man eine Form ins Wasser und schüttet den Reis darein. Wenn es kalt ist; so wird er auf eine Schüssel gelegt. Man gießt eine Milchsauce mit Eierdottern darüber, besteckt ihn mit großen Rosinen und Mandeln und bestreut ihn mit Zucker und Canehl.

25. Eine Creme von Sago. Es wird ein Viertelpfund Sago abgewaschen und mit Zucker, Canehl, gehackter Zitronenschale und Milch auf dem Feuer gerührt, dass es dicke wird. Nun wird eine Form ins Wasser getaugt und das Eingerührte darein gegeben. Ist es kalt geworden; so legt man es auf eine Schüssel und gibt eine Milchsauce mit Zucker, Canehl, Zitronenschalen und sechs Eierdottern darüber.

26. Gefüllte Eier. Man schneidet hartgekochte Eier in der Mitte durch, nimmt das Gelbe heraus und stößt es im Mörser mit Butter, mit zwei rohen Eierdottern, mit Semmel, mit Muskatblumen, Korinthen, ein wenig Zucker und Salz. Damit werden die Eier wieder gefüllt und gargebacken. Man gibt eine Sauce blanche dazu.

27. Verlorne Eier. Man schlägt die Eier in gekochtes Wasser und lässt sie darinnen kochen. Das Weiße muss härtlich werden, aber das Gelbe muss weich bleiben. Alsdann wird kalt Wasser darauf gegeben. Man gibt sie zur Tafel mit einer Sauce von Butter, Mehl, zwei Eierdottern, Korinthen, Weinessig und Wasser, oder auch mit einer Senfsauce. Sie können auch über Sauerampfer oder Spinat gelegt werden.

28. Spiegeleier. Man beschmiert eine Schüssel mit Butter, schlage die Eier darauf, setzt sie ans Feuer und hält eine glühende Schaufel darüber. Man muss sich aber vorsehen, dass sie weich bleiben.

29. Arme Ritter. Es werden Semmelscheiben geröstet. Darauf schlägt man sechs bis acht Eier kleine und gibt sie mit Milch auf eine Schüssel. Darein legt man die Scheiben, dass sie weich werden und backt sie darauf in der Pfanne mit Butter. Sie werden mit Zucker berieben und aufgegeben.

30. Englische Pfannenkuchen. Vier Löffel voll Mehl werden erstlich in Milch klar gerührt. Dazu rührt man hernach noch zehn Eierdotter, ein

Viertelpfund Zucker, Muskatblumen, ein Viertelpfund Butter und Korinthen. Ist das geschehen; so backt man davon lauter kleine dünne Kuchen und gibt sie mit einer Weinsauce zur Tafel.

31. Gefüllte englische Pfannenkuchen. Diese Kuchen werden von Mehl, Milch, von vier Eierdottern, Muskatblumen und Salz gebacken. Darauf werden sie mit Äpfelbrei oder Spinat gefüllt, aufgerollt, in Eiern umgekehrt, mit geriebenem Weißbrot bestreuet und ausgebacken. Sie werden mit und ohne Sauce zur Tafel gegeben und mit Zucker bestreuet.

32. Eine Creme von Tee. Man kocht zwei Lot grünen Tee in süßer Milch, Canehl, Zucker und Zitronenschalen. Darauf wird es abgesetzt und durch ein Sieb gesichtet. Dieses wird mit acht oder zehn Eierdottern kleine gerührt und auf eine Schüssel gegeben, um die vorher ein Rand muss gemacht werden. Nun tut man in eine Kasserolle kochend Wasser und lässt die Creme darauf kochen, dass sie dicke wird.

33. Schokoladencreme. Man reibt drei oder vier Pfund Schokolade und rührt auf dem Feuer mit einem Löffel voll Mehl, Milch, acht Eierdottern, Zucker, Canehl und Zitronenschalen. Dieses wird darauf durch ein Sieb auf eine Schüssel gerührt und mit einem Glase von Zucker überzogen.

34. Kaffeecreme. Es wird ein halb Fund gemahlener Kaffee mit etwas Wasser gargekocht. Man lässt ihn alsdann durch ein Haartuch laufen, dass er recht klar wird. Darauf rührt man zehn bis zwölf Eierdotter in einer Kasserolle dazu mit süßem Rohm, Zucker, Canehl und Zitronenschalen, gibt es auf eine Schüssel, setzt eine Kasserolle mit Wasser auf das Feuer, und wenn das Wasser kocht; so setzt man die Schüssel darauf und lässt die Creme aufkochen, dass er dicke wird. Endlich wird von Eierschnee und Zucker ein Glas darüber gezogen.

35. Pistaziencreme. Ein halb Pfund grüne Pistazien werden abgezogen, im Mörser fein gestoßen und mit ein wenig Spinat und Milch durch ein Haartuch gerieben. Man tut darauf einen Löffel voll Mehl und zehn Eierdotter dazu, setzt es aufs Feuer und rührt es mit Zucker, Canehl, Zitronenschalen und dem Schnee von dem Eiweiß ab. Hiernächst wird es aufgegeben und mit einem Glase von Zucker überzogen.

36. Creme von Eiweiß. Man lässt anderthalb Maß Milch kochen. Darauf schlägt man das Weiße von zwölf Eiern mit ein wenig Zucker und Zitronenschalen zum Schnee und lässt es mit der Milch einmal durchkochen. Nun wird es in einen Durchschlag gegeben, dass die Molke ablaufe. Endlich wird das Gelbe von den Eiern mit süßem Rohm, Zucker und Canehl abgerührt und über den Schnee gegeben.

37. Eine Schaumcreme von Rohm und Wein. Ein halb Maß dicker Rohm, ein halb Maß Rheinwein, Zucker und Zitronenschalen werden eine Stunde zusammen hingesetzt und dann mit einem Eierbesen zu lauter Schaum geschlagen. Der Schaum wird mit einem Löffel während des Schlagens nach und nach abgenommen und auf eine Porzellanschüssel getan. Man muss sich vorsehen, dass man keine Molke oder Wake mit ausschöpfe. Unten in die Schüssel kann man auch geröstetes Weißbrot legen.

38. Sagomilch. Ein halb Pfund Sago wird reine im Wasser ausgewässert und mit Zucker, Canehl und Zitronenschalen weich gekocht. Darauf wird es mit acht Eierdottern legiert, kalt gerührt und in Geleegläser gesetzt.

39. Creme-Reige. Man schlägt das Weiße von zwölf Eiern, ein halb Maß Rohm, Zucker, Canehl und Zitronenschalen mit einem Besen, dass es schäumet, und gibt es in Gläsern zur Tafel.

40. Pistaziencreme auf ander Art. Ein halb Pfund Pistazien werden in heißem Wasser abgezogen, mit Orangenblütenwasser gestoßen, mit zehn oder zwölf Eierdottern, mit einem Maß Milch, Zucker und Canehl auf dem Feuer abgerührt, auf eine Schüssel gegeben und mit gehackten Pistazien bestreuet.

41. Creme de la Reine. Ein halb Pfund fein gestoßene Mandeln, ein Löffel voll Mehl, zwölf Eierdotter, Milch, Zucker, Canehl und Zitronenschalen werden erst abgerührt. Darauf werden sechs Eierdotter hartgekocht, auf die Schüssel gelegt, die Creme durch einen Durchschlag darüber getan und mit einem Glase von Zucker überzogen.

42. Mandelmilch. Man nimmt ein halb Pfund fein gestoßene Mandeln, weicht drei Semmeln in kochend Wasser, treibt es mit Canehl, mit den

Schalen von zwei Zitronen, mit dem Safte daraus und mit Zucker durch ein Haartuch. Es wird immer noch Wasser nachgegeben und so beim Tanz oder sonst nach Verordnung getrunken. Man kann auch bittere Mandeln dazu tun.

43. Rohmcreme. Man kocht zwei Maß Rohm mit Koriander, Canehl, Zucker und Zitronenschalen. Wenn es kalt ist; so wird das Weiße von 18 Eiern zum Schaum geschlagen und auf dem Feuer zu dem Rohm bis für das Kochen gerührt, dass es sich legiere. Es wird alsdann durch ein Haartuch getrieben und in Gläser gegeben.

44. Creme Brülee. Man rührt zwei Löffel voll Mehl, Milch, acht Eierdotter, Zucker, Canehl und Zitronenschalen auf dem Feuer ab, tut es alsdann auf eine Schüssel, überzieht es mit einem Glase von Zucker und überbrennt es mit einer glühenden Schaufel.

45. Englische Creme. Es werden acht Eierdotter mit ein halb Maß guter Milch, mit süßen und bittern Mandeln, Zucker, Canehl und Zitronenschalen abgerührt und eine Stunde hingesetzt. Darauf macht man einen Rand um eine Schüssel, gießt die Creme durch ein Sieb darauf, setzt eine Kasserolle mit kochendem Wasser auf das Feuer, auf diesem lässt man nun die Creme kochen, bis es dicke wird, schlägt das Weiße von den Eiern zum Schnee, setzt es mit Zucker auf die Creme und macht ihn oben braune.

46. Weiße Creme von Hühnermägen. Man kocht ein Maß Milch mit ein wenig Zucker, Canehl und Zitronenschalen halb ein und lässt es so kalt rühren wie frisch gemolkene Milch. Darauf werden von drei Hühnermägen die Häute abgenommen, die Mägen getrocknet, gestoßen und zu der warmen Milch gerührt. Man streicht es alsdann einige Mal durch ein Haartuch, gießt es auf eine Schüssel, setzt sie in heiße Asche, legt oben einen Deckel darauf mit etwas Feuer und lässt es so eine Viertelstunden stehen, so wird es steif.

47. Weincreme. Ein Maß Wein wird mit 12 bis 18 ganzen Eiern, mit ein wenig Wasser, mit Zitronenschalen, Zitronensaft, Zucker und Canehl mit einem Eierbesen auf dem Feuer bis vor das Kochen geschlagen, dass es schäumet. Darauf wird es durch ein Sieb in Geleegläser gegossen.

48. Creme mit Weißbrot auf dem Wasser gekocht. Man rührt acht Eierdotter mit Milch, Zucker und Canehl kleine. Darauf legt man auf eine Schüssel geröstete Brotscheiben, gibt die Creme darüber, setzt die Schüssel auf eine Kasserolle mit kochendem Wasser und lässt es so garkochen. Es wird zuletzt mit Zucker und Canehl bestreut.

49. Gebackene Milch. Zehn ganze Eier werden brav durchgeschlagen und mit Milch, Zucker, Canehl und Zitronenschalen auf eine Schüssel gegeben. Darauf gibt man unten und oben Feuer, dass es gar backe und bestreut es mit Zucker.

50. Ordinäres Gelee von Hirschhorn. Zu einer großen Schüssel nimmt man zwei Pfund oder etwas mehr Hirschhorn, kocht es im reinen Brunnenwasser fünf bis sechs Stunden, dass es steif wird wie Leim, und ringt es alsdann durch eine Serviette. Damit lässt man ein oder zwei Maß Rheinwein, Zucker, Canehl und sonst auch Gewürze und Zitronenschalen lange kochen und schäumt es recht gut ab. Dazu tut man dann den Saft von zwölf Zitronen, und wenn es klar gekocht hat und gut vom Geschmack ist; so setzt man es ab. Nun schlägt man noch von zwölf Eiern das Weiße zum Schaum, lässt es mit dem Gelee zweimal aufkochen, lässt es durch eine Serviette oder Geleebeutel langsam durchlaufen, dass es klar werde und gibt es in Forme oder Gläser.

Die Farben werden verschiedentlich gemacht, wie man sie haben will; blau von Violen; gelb von gelben Eiern; rot von rotem Fluor; grün von Spinat usw.

51. Saures Gelee von Kalbsfüßen. Es werden vier oder mehr Kalbsfüße nebst dem Kopf im Wasser abgewaschen, drei oder vier Stunden im Wasser gekocht, abgeschäumt und dann reine durch ein Tuch abgeklärt, dass kein Fett darauf bleibe. Darauf wird ein Maß Franzwein mit sechs Zitronen, Gewürzen und dem Weißen von zehn Eiern mit einem Eierbesen auf dem Feuer abgeschlagen und gekocht. Darauf lässt man es durch einen Geleebeutel laufen, dass es klar werde. Man kann dieses Gelee zum Fleische oder a la Daube gebrauchen.

52. Eine andere Art von Gelee. Man lasse zwei alte Hühner, acht Pfund Kalbsfleisch, vier Pfund Rindfleisch, drei Pfund Hammelfleisch, vier Kälberfüße, Gewürze, ein wenig Salz, von Zitronen den Saft und ein halb Maß Franzwein vier oder fünf Stunden kochen, bis es gallert, gieße es dann durch den Geleebeutel, dass es klar werde und ziehe es mit Eierweiß ab. Man kann es, wenn es klar und kalt ist, zu kalten Pasteten oder jungen Hühnern und sonst gebrauchen.

53. Blaue Manger von Milch. Sechs bis acht Kälberfüße werden gargekocht und durchgegossen. Der Stand wird hierauf ganz eingekocht. Dazu gibt man gute Milch, ein halb Pfund süße und zwei Lot bittere gestoßene Mandeln, Zucker, Canehl und Zitronenschalen. Dies alles lässt man brav durchkochen und treibt es alsdann durch ein Haartuch. Man kann es in Geleegläser oder in Forme geben.

Anstatt der Kälberfüße kann man auch Hausblase, auch Hirschhorn nehmen und anstatt der Mandeln auch wälsche Nüsse.

54. Roulade von Nudelteig. Von dem Gelben aus sechs Eiern, einem Löffel Schmand, Gewürzen und von ein wenig Zucker macht man einen losen Teig, rollt ihn dünne aus und schneidet ihn dann in breite lange Stückchen. Man kocht diese nun in Wasser ab und tut sie darauf in kaltes Wasser. Ist das geschehen; so werden sie auf den Backtisch gelegt. Man lässt nun geriebene Semmel mit Butter, Zucker und Canehl braune braten, schmiert dies Gebratene auf den Teig, rollt ihn auf, beschmiert alsdann eine Schüssel mit Butter, legt die Rouladen darauf und lässt sie in der Tortenpfanne garbacken. Man gießt dann endlich Milch darüber, lässt sie einziehen und gibt eine Schmandsauce dazu, die von Rohm, zwei Eierdottern, Canehl, Zucker und Mehl abgerührt wird.

55. Eine Creme in Gläsern von rotem Wein. Man schlägt ein Viertelmaß guten Rohm mit ebenso viel rotem Wein, mit einem Viertelpfund Zucker, mit einer Zitrone, die auf dem Zucker abgerieben wurde, und mit dem Safte daraus zu lauter Schaum und gibt es dann in Gläser.

56. Meriton von Spinat. Der Spinat wird erstlich gut gelesen, öfters ausgewaschen, im Wasser und Salz gargekocht, auf einen Durchschlag gelegt, dass er kalt werde und ablaufe, recht gut vollends ausgedrückt und dann ganz feingehackt. Darauf lässt man ein gut Stück Butter in einer Kasserolle schmelzen, gibt den Spinat dazu, mit geriebener Semmel, mit acht oder zehn ganzen Eiern, Salz, Korinthen, Muskatblumen und rührt es gut durch. Hat man gargekochten Schinken; so wird auch davon etwas ganz feingehackt und dazwischen gerührt. Auch kann man Krebsschwänze und feingeschnittene Sukade dazutun. Ist das soweit alles eingerichtet; so beschmiert man eine Serviette mit Butter, legt sie in eine Kasserolle oder Durchschlag, gibt die Masse darein, bindet sie mit einem Bindfaden feste zu und lässt es im Wasser und Salz zwei gute Stunden kochen. Es wird beim Anrichten wie ein Pudding umgekehrt und mit ausgebrochenen Krebsen bespickt. Die Schwänze werden nämlich ausgebrochen, in einer Milchklare umgekehrt, mit fein geriebener Semmel bestreut und in Butter ausgebacken. Ist die Sauce über den Kloß gegeben; so werden sie darein gesteckt. Ausgebrochene Krebse werden um den Rand auf die Schüssel gelegt. Man braucht dazu Krebs- auch Milchsauce. Statt der Krebse können auch Koteletts oder Saucissen um die Schüssel gelegt werden.

57. Portugiesische Äpfel. Man schält Borsdorfer Äpfel, schneidet sie in vier Teile, schneidet das Kernhaus heraus und kocht sie im Wein und Wasser, mit Zucker, ganzem Canehl und mit feingeriebener Zitronenschale ab. Sind sie gar; so legt man die Äpfel auf ein Sieb und macht von der Sauce eine Creme wie folgt: Man nimmt ein wenig Butter, einen halben Löffel fein Mehl, sechs Eierdotter, rührt dieses wohl durch, gibt von der Sauce, worinnen die Äpfel abgekocht wurden, so viel dazu als man Creme nötig hat, rührt es damit gut durch und rührt es auf dem Feuer ab. Darauf schlägt man einen Schnee von dem Weißen aus acht Eiern mit etwas Zucker und rührt diesen zwischen die Creme.

Ist nun alles eingerichtet; so nimmt man eine Randschüssel oder setzt einen Rand darum, bestreicht die Äpfel mit Butter, legt sie auf die Schüssel, gibt die Creme darüber, bestreut es mit Zucker, Zimt und geriebener Semmel und lässt es im Backofen hellbraun backen.

58. Makronenkuchen auf der Schüssel. Ein Maß Milch, ein Viertelpfund frische Butter, ein Stück Zucker, fein geriebener Zimt und gehackte Zitronenschalen lässt man in einer Kasserolle kochen. Darauf streut man ein Viertelpfund Fadenmakronen darein, lässt es ein bisschen kochen, setzt es hernach ab und lässt es kalt werden. Nun werden sechs ganze Eier durcheinandergeschlagen und mit ein wenig Salz in die Kasserolle gegeben. Man setzt hierauf einen Rand auf eine Schüssel, tut das Eingerührte darein und lässt es im Backofen garbacken. Es kann dieser Kuchen auch in der Tortenpfanne gebacken werden. Es wird von unten und oben mit gleicher Hitze gebacken, mit Zucker bestreuet und warm zur Tafel gegeben.

59. Krebskuchen mit grünen Erbsen. Es werden 60 Stück Krebse mit ein wenig Salz und Kümmel abgekocht und ausgebrochen. Die Schwänze legt man zurück, die Schalen aber werden mit Butter in einem Mörser ganz fein gestoßen und dann noch mit einem Stück Butter in einer Kasserolle so lange durchgeschwitzt, bis die Butter hochrot wird. Ist sie das; so gießt man ein gutes Maß Milch darauf und lässt es damit aufkochen. Man gibt es alsdann durch ein Sieb und lässt es kalt werden. Nun macht man eine Creme. Man nimmt einen Löffel voll fein Mehl, etwas von der Krebsbutter, acht Eierdotter und rührt es zusammen recht wohl durch. Dazu gibt man nach und nach die Milch mit der Krebsbutter, indem man es beständig mit geriebenem Zucker und feingehackter Zitronenschale durchrührt. Unter der Zeit setzt man auch eine kleine Portion ganz junge grüne Erbsen mit ein bisschen Butter und Zucker auf und lässt sie garkochen, zerschneidet die ausgeputzten Krebsschwänze in kleine Stückchen, gibt sie zu den Erbsen und lässt es zusammen stehen. Nun schlägt man das Weiße aus den Eiern zum Schnee, rührt ihn zu der Creme, lässt die Erbsen und die Schwänze auf einem Siebe ablaufen und gibt sie zur Masse. Endlich setzt man einen Rand um eine Schüssel, gibt die Masse darauf und lässt es im Ofen garbacken. Es wird dann mit Zucker bestreut und warm aufgetragen.

60. Gebackene Krebsmilch. Es werden 40 Stück Krebse abgewaschen und in Milch gelegt, mit der vier ganze Eier sind durchgeschlagen worden. Haben sie eine Stunde gestanden; so werden sie mit ein wenig Salz und mit Wasser abgekocht. Man bricht alsdann die Schwänze aus und stößt das Übrige mit den Schalen und mit Butter im Mörser fein. Das Gestoßene schwitzt man in einer Kasserolle mit Butter so lange durch bis die Butter rot wird, alsdann gießt man ein Maß Milch darauf, lässt es aufkochen, gießt es durch ein Sieb oder Haartuch und lässt es kalt werden. Ist das geschehen; so werden acht ganze Eier fein geschlagen und mit gestoßenem Canehl, auf Zucker abgeriebener Zitronenschale und mit dem feingehackten Schwänzen dazugetan. Nun macht man einen Rand auf eine Schüssel, lässt den Rand trocken werden, gibt die Masse darauf, lässt es im Backofen backen und trägt es warm auf.

61. Grolinauer Genöse. Für einen mgr. geriebene Semmel wird erstlich mit Milch zum Brei gekocht. Darauf rührt man ein halb Pfund abgeklarte Butter, bis sie meist kalt ist, durch, rührt 15 Eierdotter, eins nach dem andern, dazu, und rührt es noch mit ein halb Pfund Parmesankäse durch. Ist das geschehen; so wird dieses mit dem Brei, mit einem Viertelpfunde fein gestoßenem Zucker und mit geriebener Zitronenschale gut zusammengerührt. Nun schlägt man das Weiße aus den Eiern zum Schnee, dass er gut steht, rührt ihn zur obigen Masse, bestreicht eine Forme mit Butter, gibt die Masse zusammen darein, bestreut es mit fein geriebener Semmel, lässt es im Reife garbacken und gibt es warm zur Tafel.

62. Des Oeufs en Pain. Man kocht die Eier harte, schält die weiße Schale ab, kehrt die gekochten Eier in rohen Eiern um, überzieht sie über und über mit Farce, kehrt sie wieder in geschlagenen Eiern um, bestreut sie mit fein geriebener Semmel und backt sie in heißer Butter aus.

63. Krebsstrauben. Man backt dünne Pfannenkuchen, so viel als man zu einer Assiette oder Schüssel nötig hat, und schneidet sie in Stückchen, drei Finger lang und drei Finger breit. Nun setzt man einen Rand um eine Schüssel, bestreicht sie mit Krebsbutter, legt in jedes Stückchen von den Pfannenkuchen einen Krebsschwanz, rollt es auf und legt sie alle auf die Schüssel. Die übrigen Schwänze werden feingehackt und darüber gestreut. Von dem Abfall und von den Schalen wird Krebsbutter gemacht. Diese wird in einer Kasserolle mit etwas feinem Mehl, mit vier oder fünf Eierdottern erst wohl durchgerührt, darauf tut man Milch dazu, so viel man Sauce braucht, und rührt es wieder gut durch. Endlich wird diese Sauce mit abgeriebener Zitronenschale auf dem Feuer abgerührt und, wenn sie gar ist, über den Kuchen gegeben. Man mengt dann fein geriebene Semmel mit etwas Zucker durch, streut dieses über die Schüssel, lässt es im Ofen gelbbraune garbacken und trägt es warm auf.

64. Amulette mit Weinsauce. Auch hier werden dünne Pfannenkuchen in Butter gebacken, aber nicht fett. Wenn man die Masse zum Pfannenkuchen in die Pfanne gegossen hat; so werden ausgelesene und abgewaschene Korinthen darauf gestreut und mitgebacken. Hat man nun der Kuchen genug; so werden sie über das Kreuz durchgeschnitten, aufgerollt und auf eine Schüssel gelegt, um welche vorher ein Rand gesetzt wurde.

Man macht darauf eine Sauce von ein bisschen Butter, einem halben Löffel voll Mehl und von sechs bis sieben Eierdottern. Dieses wird durchgerührt, darauf gibt man Wein dazu, rührt es wieder durch, gibt noch etwas Wein dazu mit Wasser, Zucker und Zitronenscheiben, rührt diese Sauce auf dem Feuer ab, gießt sie über die Kuchen, bestreut es mit Semmel, Zucker und Canehl, lässt es so wie das Vorhergehende backen und trägt es warm auf.

65. Gefüllte Zitronen. Man nimmt zwölf Zitronen, schneidet oben den Deckel ab, tut das Inwendige heraus, kocht sie in Wasser und ein wenig Salz gar und lässt sie wieder kalt werden. Darauf macht man eine Farce von Fischen. Man nimmt nämlich ein paar Stücke Fisch, die abgeschuppet und reine ausgewaschen worden sind. Diese tut man in eine Kasserolle, mit einem Löffel voll Butter und kleinen feingehackten Zwiebeln und lässt es bräsen. Ist der Fisch gar; so wird er herausgenommen und ausgegrätet. Auf die zurückgebliebene Butter in der Kasserolle schlägt man hiernächst vier ganze Eier und rührt es zum Rührei, doch so, dass es nicht zu hart werde. Nun tut man es zum Fisch, hackt es miteinander fein durch, gibt es wieder in die Kasserolle, tut noch zwei Eier und etwas geriebene Semmel dazu, schlägt es tüchtig damit durch und rührt es endlich mit einem Löffel voll Rohm, mit Muskatblumen und feingehacktem Thymian durch. Mit dieser Farce füllt man alsdann die Zitronen, schmiert die übrige auf die Schüssel und setzt die Zitronen darauf. Die Farce kann auch noch mit einigen Austern durchgehackt werden.

66. Der Boufees a la Crispine. Man nimmt die Brüste von drei gargekochten Hühnern und macht eine Farce davon. Darauf macht man zwölf verlorne Eier und nimmt sie aus dem Wasser. Nun nimmt man ein Kalbnetzt, schneidet es in vier Stücke, beschmiert jedes mit Farce, legt auf jedes Stück drei von den verlornen Eiern, wickelt sie damit zu, kehrt es in ausgeschlagenen Eiern um, bestreut es mit fein geriebener Semmel und backt es in abgeklärter heißer Butter aus. Mit Coulligesauce wird es aufgegeben. Man kann aber auch Petersilie in Butter ausbacken und es damit garnieren.

67. Ausgebackene Zitronen. Es werden sechs Stück Zitronen in die Länge durchgeschnitten und reine ausgedrückt. Diese zwölf Stück werden in Wasser, Zucker und Canehl weich gekocht. Man nimmt sie alsdann aus dem Wasser; lässt sie kalt werden und nimmt das Inwendige rein heraus.

Darauf macht man eine Farce von Semmel. Man tut nämlich ein wenig Butter in eine Kasserolle, lässt sie schmelzen, gibt dann die geriebene Semmel dazu mit zwei ganzen Eiern und mit dem Gelben von zwei Eiern und rührt es durch. Nun tut man noch gestoßenen Zucker, Korinthen, feingehackte Sukade und ein wenig Wein dazu und rührt es damit durch. Die Zitronen werden inwendig nun mit Eiern bestrichen, mit der Farce gefüllt, in Eiern umgekehrt, mit Semmel bestreut und aus heißer Butter gebacken. Dazu gibt man folgende Sauce: Ein wenig Butter wird mit ein bisschen Mehl und mit vier bis fünf Eierdottern in einer Kasserolle durchgerührt. Dazu tut man die Hälfte von dem ausgedrückten Zitronensafte, etwas Wein, Wasser, Canehl und auf Zucker abgeriebene Zitrone. Dies rührt man so lange ab, bis es kocht. Auch Korinthen werden noch im Wasser gargekocht, ausgedrückt und in die Sauce getan. Man gibt die Sauce erst auf die Schüssel, legt die Zitronen darauf und trägt es warm auf.

68. Creme a la Pinaro. Ein wenig frische Butter, etwas fein Mehl und das Gelbe von acht Eiern rührt man kleine durch. Dazu gießt man etwas Wein und rührt es wieder durch und fährt so fort, bis man so viel hat als man Creme haben will. Darauf kocht man einige Handvoll Spinat im Wasser gar, lässt ihn auf einem Siebe ablaufen, drückt ihn aus, hackt ihn, aber nicht gar zu fein, tut ihn zu den eingerührten Sachen mit einem Stück ganzem Zimt und mit einer Zitrone, die auf Zucker abgerieben wurde, setzt nun alles zusammen aufs Feuer und rührt es durch, bis es kocht. Darauf wird es mit einem Löffel durch ein Sieb auf eine Schüssel gerieben. Man schneidet alsdann guten Biskuit dreieckig aus und legt ihn um die Creme. Den Abfall von dem Biskuit macht man ganz fein, streut Zucker darüber, vermengt es und brennt es mit einer glühenden Schaufel so lange, bis es braun ist. Damit bestreut man die Creme in Figuren von Bäumen oder Blumen.

69. Spanische Äpfel. Man nimmt ein gut Stück Kalbfleisch, auch wohl den Abfall von Koteletts, ein Stück rohen Schinken, vier Feldhühner, tut dies zusammen in eine Kasserolle mit etwas Butter, mit Speckscheiben, Sellerie, Petersilienwurzeln und gelben Wurzeln, die in Scheiben geschnitten werden müssen, gibt nun etwas Wasser dazu und lässt es bräsen, bis es braun ist. Darauf füllt man es mit Bouillon an und lässt es damit kochen. Wenn die Feldhühner gar sind; so nimmt man sie mit dem andern Fleisch und Ingredienzien heraus. Das Fett schöpft man von der Bräse und kocht die Brühe darauf so lange ein, bis man noch so viel hat, als man zu brauchen gedenkt. Nun gibt man es durch ein Sieb, nimmt das Fett reine ab und lässt es kalt werden. Ist dieses geschehen; so schlägt man drei ganze Eier und drei Eierdotter wohl durcheinander, gibt ein wenig feingestoßene Muskatblumen dazu und rührt es endlich mit der Brühe gut durch. Nun nimmt man kleine Pastetenförmchen, bestreicht solche mit Mandelöl, gibt die Masse darein, setzt sie in eine Kasserolle mit so viel Wasser, dass es nicht in die Förmchen kommen kann, deckt die Kasserolle zu und lässt das Wasser kochen. Beim Anrichten werden die Förmchen auf eine Schüssel umgekehrt und so warm zur Tafel gegeben.

Anmerk. Die Hühner können mit Säure sonst noch gebraucht und auf die Tafel gegeben werden.

Zweites Stück

Von verschiedenem Backwerke

1. Biskuit-Kuchen zu backen. Will man einen Biskuit-Kuchen für etwa zwölf Personen backen; so nimmt man zwölf Eier schwer Zucker und acht Eier schwer von dem feinsten Mehl oder Stärke. Den Zucker reibt man fein und dann muss es gesichtet werden. Das Gelbe von den Eiern wird hierauf in einer irdenen Schale nebst dem Zucker fleißig durchgerührt. Das Weiße aber wird mit einer Rute steif zu Schnee geschlagen und dann mit dem Zucker wie auch mit dem Mehl und mit der Schale von einer Zitrone geschwinde durchgerührt. Nun wird die Form mit Butter bestrichen, mit geriebenem Weißbrot bestreut und zur Hälfte vollgemacht. So lässt man es langsam in einer Tortenpfanne oder im Backofen, unten mehr Feuer als oben, gargebacken.

2. Biskuit von trockenen oder grünen Erbsen. Man kocht trockene oder grüne Erbsen so ab, dass sie halbgar werden. Sie werden hierauf durch einen Durchschlag in einer Serviette abgedrückt und dann mit einem hölzernen Löffel durch den Durchschlag gerieben. Ist dieses nun so abgetrocknet, dass es nicht mehr feuchte ist; so nimmt man 18 Lot Zucker und ebenso viel von den Erbsen, rührt erstlich den Zucker mit 18 Eiern in einer steinernen Schale eine halbe Stunde durch, gibt nun die Erbsen dazu und rührt es wieder eine halbe Stunde. Man tut nun Zitronenschale und gestoßenen Canehl dazu, rührt es noch eine Viertelstunde, bestreicht die Form mit Butter, streut sie mit geriebenem Weißbrot aus, gibt es hinein und lässt es, wie oben, langsam garbacken.

3. Zuckerbrot oder Zuckerplätzchen. Man schlägt von acht Eiern das gelbe in einer irdenen Schale und rührt solches mit einem Pfund Zucker eine halbe Stunde durch. Das Weiße wird alsdann zu Schaum geschlagen und mit dem obern nebst einem Pfund Stärke oder feinem Mehl, Gewürzen und Zitronenschalen durchgerührt und ganz dünne auf Papier oder in blechernen Käfigen langsam gargebacken.

4. Pfeffernüsse zu backen. Sechs Eier werden erstlich mit einem Pfund Zucker gut durchgeschlagen und dann auf einem Tische mit Mehl und Gewürzen so durchgearbeitet, dass man es ausrollen kann. Ist das geschehen; so wird es eines halben Fingers dicke ausgerollt, mit einem runden Blech abgestochen und auf einem mit Butter bestrichenen Papier langsam gargebacken.

5. Kleine Mandelkränzchen. Man nehme ein halb Pfund Mandeln, stoße sie mit dem Weißen von zwei Eiern ganz fein, alsdann stoße man damit ein Pfund Zucker kleine, dass es ein Teig werde. Diesen arbeite man hierauf mit feinem Mehl auf dem Backtische durch, rolle es aus, mache kleine Kränzchen davon, bestreue eine Platte mit Mehl und lasse sie darauf langsam garbacken.

6. Marzipan von Mandeln. Man nimmt ein Pfund abgeschälte und feingestoßene Mandeln und ein Pfund Zucker, tut es in eine Kasserolle und rührt es über gelindem Feuer so lange, dass, wenn man die Hand darein halten kann, es anklebe und abtrockne. Darauf arbeitet man es auf dem Backtische mit feinem Mehl und Zucker durch, macht allerlei Figuren daraus und trocknet es im Backofen, dass es gar werde.

7. Einen Brotkuchen zu backen. Es wird schwarzes Brot abgetrocknet, im Mörser feingestoßen und durch ein Sieb gesichtet. Darauf nimmt man ein Pfund feingestoßenen Zucker und rühret solchen eine halbe Stunde mit dem Gelben von 16 Eiern in einer irdenen Schale durch. Dieses mengt man darauf mit einem halben Pfunde von dem gesichteten Schwarzbrote, nachdem es mit Franzbranntwein, ohngefähr für vier Pfennige, ist benetzt worden, untereinander und rührt alles mit gestoßenen Nelken, Muskatblumen, Canehl und mit der geriebenen Schale von einer Zitrone noch eine Viertelstunde durch. Ist das geschehen; so wird auch das Weiße von den Eiern zu Schnee geschlagen und dazu gerührt. Endlich tut man es in eine mit Butter gut beschmierte Form und lässt es darinnen garbacken.

8. Eine Brottorte auf andere Art. Man nehme ein Pfund Butter, sechs Eierdotter, ein halb Pfund gestoßene Mandeln, ein Viertelpfund geriebenes Schwarzbrot und etwas Gewürze, rühre dieses alles eine halbe Stunde durcheinander, und wenn nun auch das Weiße von den Eiern zu Schaum geschlagen und hinzugegeben worden ist; so wird alles wieder wohl durcheinander gerührt und wie oben langsam gebacken.

9. Eine Brottorte noch auf eine andre Art. Man nimmt zwölf Eier, behält die Hälfte von dem Weißen zum Schaum, tut das Übrige in einen Topf und schlägt es mit einer Rute durch. Dazu tut man ein halb Pfund geriebenen Zucker, zwölf Lot gestoßene ungeschälte Mandeln, zwölf Lot gerieben Schwarzbrot, Zitronenschale und Gewürze. Der Schaum wird hierauf dazu gerührt und dann lässt man es langsam in einer Form backen.

10. Noch auf eine andere Art. Man nehme acht ganze Eier und von zehn Eiern das Weiße, schlage es so lange durch, dass es so steif wird wie Brei, damit schlage man ein halb Pfund Zucker, eine halbe Tafel S c h o k o - l a d e, ein Viertelpfund gestoßene Mandeln, Kardamom, Muskatblumen, vier Lot Schwarzbrot und Zitronenschale durch und lasse es wie oben langsam backen.

11. Noch auf eine andere Art. Man nimmt ein Pfund abgeklärte Butter und rührt sie mit 16 Eiern zu Schaum. Zu diesem Schaum rührt man alsdann noch ein halb Pfund gestoßene Mandel, ein halb Pfund Schwarzbrot, Gewürze und Zitronenschalen und lässt es wieder wie vorhin langsam backen.

12. Eine Sandtorte zu backen. Ein Pfund frische Butter wird erst mit fünf Eiern nebst drei Viertelpfund Zucker und Zitronenschale zum Schaume gerührt, danach rührt man ein Pfund fein Mehl dazu, bestreicht die Form mit Butter, gibt es darein und lässt es langsam garbacken.

13. Eine Torte von getrocknetem Weißbrot. Von 14 Eiern nimmt man das Weiße und schlage es mit drei Viertelpfund Zucker und geriebener Zitronenschale zum Schaum. Darauf nimmt man zwölf Lot von dem getrockneten und feingestoßenen Weißbrot, rührt den Schaum dazu und lässt es wie sonst langsam garbacken.

14. Einen Orangenkuchen zu backen. Man kocht erst einen dicken Milchbrei, darauf schlägt man ein Pfund Butter mit zwölf Eierdottern, einem halben Pfund geriebenen Zucker und mit den geriebenen Schalen von sechs Orangen zu Schaum, mengt dieses in jenem wohl durch und lässt es in einem Reife langsam garbacken.

15. Einen Butterkuchen zu backen. Man rührt ein halb Pfund Butter mit 24 Eierdottern, drei Lot geriebenem Zucker und Zitronenschale zu Schaum und lässt ihn garbacken.

16. Einen Kuchen mit Ochsenmark. Man schneidet ein Viertelpfund Mark in Würfel und tut es in einen Topf mit zwölf gestoßenen Zwiebäcken, Muskatblumen, Ingwer, Salz, einem Viertelpfund Weizenmehl, einem Löffel voll Gest, zehn Eiern, ein wenig Milch und einem Viertelpfund Korinthen. Dieses wird zu einem Teig angerührt und an einen warmen Ort gesetzt, dass es aufgehe. Darauf wird es in einer Tortenpfanne gargebacken.

17. Eine Zitronentorte zu machen. Zwölf Eier werden erst zum Rührei gemacht und dann durch einen Durchschlag gerieben. Hierauf werden sechs Eierdotter mit der abgeriebenen Schale von vier Zitronen nebst dem Safte daraus zum Schaum gerührt. Nun werden sechs Stück Zwieback gestoßen und mit etwas Milch nebst Weißbrot und ein Viertelpfund geriebenem Zucker eingeweicht. Dies alles wird hernach zusammen durchgerührt, mit Zuckerplätzchen belegt, im Butterteige gargebacken und mit Zucker bestreut.

18. Eine andere Tortenart von Ochsenmark. Man macht drei oder zwei Handvoll Mark warm, rührt es klein mit vier Eierdottern, vier Stück Zwieback, Canehl und Zitronensaft und lässt es alsdann im Butterteig garbacken.

19. Noch eine andere Marktorte von Mehl. Man nimmt zwei weiße Brötchen und drei Löffel voll weißem Mehl und kocht es in Milch ganz dicke. Dieser Brei wird darauf mit einem Viertel oder einem halben Pfund Mark in Würfel geschnitten, mit Zucker, Gewürzen, Rosinen, Orangen und sechs Eiern durchgearbeitet und im Butterteige gargebacken.

20. Creme- oder Rohm-Torte. Es werden ein Viertelpfund süße Mandeln mit Milch gestoßen, durch ein Haartuch gestrichen und langsam auf dem Feuer so lange gekocht und beständig herumgerührt, bis es dicke wird. Alsdann werden vier oder sechs Eierdotter mit Rohm, Zucker, Canehl und Zitronen kleine gerührt. Man legt darauf Butterteig in kleine Forme, tut die Creme darein, belegt es mit Zitrone und lässt es so garbacken.

21. Torte von Orangenblüten. Man schneidet von zwei Zitronen die Schalen, kocht sie weich und stößt sie im Mörser mit drei Stück kleinem Zwieback, Canehl und Zucker. Dazu tut man ein Stück frische Butter, das Weiße von vier Eiern und Zitronensaft, verarbeitet es zum Teige, macht davon die Torte, belegt sie oben mit Orangenblüten und lässt sie garbacken.

22. Torte admirable. Man macht einen guten Butterteig, rollt ihn aus und schneidet ihn mit einem Backrade in Striemen, dass es achteckig wird. Darauf werden Striemen kreuzweise übereinander gelegt, jede Ecke wird mit Konfitüre belegt und nun wird die Tarte gargebacken.

23. Torte wie ein Damenbrett. Auch diese wird wie oben von gutem Butterteig gemacht. Der Grund wird mit abgeschnittenen Striemen belegt und dann werden die Fächer, nach Art eines Damenbretts, mit Konfitüre belegt und so gebacken.

24. Oblaten zu backen. Man nimmt acht Eier und ein Pfund Zucker, schlägt dieses mit einer steifen Rute wohl durch und rührt es darauf mit gestoßenem Kardamom, mit einem Pfund Mehl, Gewürzen und Anis ab. Damit werden Oblaten Messerrücken dicke beschmiert, mit gelindem Feuer gargebacken und wie Hobelspäne, drei Finger breit und eine halbe Hand lang, geschnitten.

25. Einen Baumkuchen zu backen. 18 Eierdotter werden erstlich mit einem Pfunde Butter zum Schaum geschlagen und darauf mit einem Pfunde Mehl, einem Pfunde Zucker, mit gestoßenen Gewürzen und Zitronenschale gut durchgerührt. Ist dies geschehen; so wird der hölzerne Baum oder Kegel an einen kleinen Bratspieß gesteckt, feste gemacht, mit weißen Leinen übernäht, an das Feuer gelegt und mit Butter begossen. Nun wird auch das Weiße von den 18 Eiern zu Schaum geschlagen und zu dem Teig gerührt, der so flüssig bleiben muss wie zum Pfannenkuchen. Ist der Kegel am Spieße nun heiß; so wird er mit der Klare begossen und so geschwinde herumgedreht, dass es zackig wird. Dieses geschiehet so lange, bis alles angebacken ist. Endlich wird es vorsichtig abgenommen, in ein Glas gesetzt und mit Zucker bestreut.

26. Eine Wiener Torte zu machen. Man nehme ein Pfund Mehl, ein Pfund Zucker, vier Eierdotter, Gewürze und ein Glas Rheinwein und mache davon einen Teig. Dazu gebe man ein halb Pfund ausgewaschene Butter und rolle es auf wie einen Butterteig. Diesen Teig rolle man in lauter runde Deckel, so groß ungefähr wie eine Schüssel und so dicke wie ein Finger und lasse sie garbacken. Ist das geschehen; so werden die Deckel wechselweise mit verschiedenen Konfitüren beschmiert und übereinander gelegt. Ist sie nun hoch genug; so wird sie mit einem Glase von weißem Zucker überzogen, mit allerlei Figuren belegt und mit gefärbtem Streuzucker bunt gemacht.

27. Hobelspäne von Eierweiß. Von acht Eiern wird das Weiße zu Schnee geschlagen und dann mit einem halben Pfund Zucker, vier Lot Mehl, Zitronenschalen und Canehl wohl durchgerührt. Darauf beschmiert man eine kupferne Platte mit weißem Wachse, schmieret die Masse ganz dünne darauf und lässt es langsam gelbbraune backen. Endlich wird es in Stückchen, wie eine Hand breit, daraus geschnitten und über das Rollholz gelegt, dass sich's krümme. Es muss aber warm geschehen, sonst bricht es.

28. Eine Torte Crocando zu machen. Man nimmt ein Pfund Mehl, drei Viertelpfund Zucker, von einer Zitrone den Saft, zwei ganze Eier, ein wenig Butter, wie eine wälsche Nuss groß, macht davon einen Teig, rollt ihn aus und gibt ihm eine beliebige Facon. Sie wird hernach auf einer Schüssel oder auf Papier, welches vorher mit Butter oder weißem Baumöl ist beschmiert worden, gargebacken. Darauf wird sie von außen mit einem Glase von weißem Zucker überzogen, mit Streuzucker bestreut und inwendig mit Konfitüre beschmiert. Von diesem Teig können sehr verschiedene Krokanden gemacht werden mit Aufsätzen und auch mit ausgeschnittenen Wappen.

29. Waffelkuchen zu backen. Man nehme ein Pfund Mehl, das Weiße von sechs Eiern, drei Viertelpfund abgeklärte Butter, ein Viertelpfund Zucker, ein Löffel voll Gest, Gewürze, Salz, Zitronenschalen, süßen Rohm und Kardamom, rühre es so dünne wie zum Pfannenkuchen an, setze es an einen warmen Ort, dass es aufgehe und backe es hernach im Waffeleise gar. Es wird hiernächst mit Zucker bestreut und warm zur Tafel gegeben.

30. Mörselgebackenes. Ein Pfund Mehl, ein halb Pfund Butter, acht Eierdotter, zwei ganze Eier, Gewürze, ein Viertelpfund Zucker, Orangenwasser, Salz, Gest und guter Rohm wird zusammen so dünne angerührt wie zum Pfannenkuchen und an einen warmen Ort gesetzt, dass es aufgehe. Die kleinen Mörsel werden alsdann an das Feuer gesetzt, dass sie heiß werden, mit Butter beschmiert, halb vollgegossen und mit Deckeln zugedeckt. Es wird ihnen von unten und von oben Feuer gegeben und dann lässt man sie so garbacken.

31. Eisenkuchen zu backen. Hierzu gehört ein Pfund Mehl, ein halb Pfund Butter, ein Viertelpfund Zucker, sechs Eierdotter, süßer Rohm und Muskatblumen. Das alles wird zu einem dünnen fließenden Teige angerührt, in dem Kucheneisen hernach gebacken, aufgerollt und trocken verwahrt.

32. Eine Marktorte zu machen. Man rührt eine Weincreme ab von feinem Mehl, Canehl, sieben Eierdottern, Zitronenschalen und Zitronensaft. Darauf schneidet man ein Viertelpfund Mark fein, verarbeitet dieses alles mit Zucker zum Blätterteig, macht eine Torte davon, lässt sie garbacken und bringt sie warm zur Tafel.

33. Eine Zitronentorte zu machen. Man kocht die abgeschnittenen Schalen von acht Zitronen im Wasser gar und reibt sie kleine und rührt es mit drei Eierdottern, Semmelscheiben, die vorher im Weine eingeweicht wurden, mit Zucker, Canehl und Zitronensaft durch. Darauf wird eine Torte gemacht von Zuckerteige, das gerührte darein getan und gargebacken.

34. Pölsterchen zu backen. Man mache einen Teig von vier bis sechs Handvoll Mehl, ein wenig Gewürzen, acht Eierdottern, Salz und feingehackter Zitronenschale. Diesen Teig schneide man in allerlei Facons aus und backe sie aus Butter gar.

35. Gefüllte Kräpfel zu machen. Der Teig wird gerade so wie in dem nächst Vorhergehenden, zu den Pölsterchen, angerührt, hernach aber wird er in kleinen runden Kuchen abgestochen, mit Eiern bestrichen, mit einge-machten Sachen gefüllt, dann übergeschlagen und in Butter ausgebacken.

36. Butter-Biskuit zu backen. Man nehme ein Pfund abgeklärte gute Butter und rühre solche zu Schmand oder Rohm, dann schlage man zehn Eier, eins nach dem anderen, dazu, sodass jedes allemal erst eingerührt wird. Ist das geschehen; so wird ein halb Pfund feiner Zucker eine halbe Stunde damit abgerührt. Endlich rührt man noch Gewürze und ein halb Pfund fein Mehl dazu und lässt es in einer Schneckenform langsam backen.

37. Spritzgebackenes zu machen. Man setzet eine Kasserolle aufs Feu-er mit einem halben Maß Wasser, einem halben Viertelpfund Butter und ein wenig Salz. Das lässt man bis zur Hälfte einkochen und rührt dann so viel Mehl darein, dass es ein dicker Teig wird, sodass nichts mehr mit dem Löffel einzubringen ist. Darauf knetet man erstlich zwei Eier dazu, dann wieder zwei und je zwei so fort, bis es 18 Stück sind. Etwas Weißes kann wohl von den Eiern zurückbehalten werden. Der Teig muss so dünne noch bleiben, dass es durch die Spritze, worinnen die Form ist, kann ge-trieben werden. Durch diese Spritze wird er nun in heiße Butter gedrückt, man lässt ihn gelbbraune ausbacken, bestreut es hernach mit Zucker und gibt es warm zur Tafel.

38. Spritzkuchen auf andere Art. Man nimmt ungefähr einen Orth kochendes Wasser, ein wenig Butter, Mehl und Salz, macht davon einen Teig, rollt ihn aus, schneidet ihn in Stücke einer Hand breit, kocht es im Wasser ab und gibt es in einen Durchschlag, dass das Wasser abläuft. Dar-auf nimmt man es auf den Backtisch und knetet es mit so viel Eiern durch, dass es so zähe wird wie der Vorhergehende. So drückt man ihn durch die Spritze in heiße Butter und lässt es, wie vorhin, gelbbraune backen.

39. Noch auf eine andere Art. Man nehme einen Orth Milch mit ein wenig Butter, lass es aufkochen, setze es ab und rühre es mit gutem Mehl ganz steif an. Dieses wird ferner mit zwei Eiern durchgerührt, dann wer-den wieder drei Eierdotter und noch zwei ganze Eier dazu geschlagen, damit der Teig ganz zähe werde. Endlich drückt man den Teig, wie erst, durch die Spritze in heiße Butter und lässt ihn garbacken.

40. Nonnenbissen zu machen. Der nämliche mit Milch eingerührte Teig zum Spritzgebackenen wird auch hier gebraucht. Mit einem Löffel werden hernach kleine Klümpchen abgestochen, in heißer Butter ausgebacken und mit Zucker bestreut.

41. Prinzessinbrot. Hierzu nimmt man ein Pfund Wasser und ein halb Pfund Butter, lässt dieses miteinander durchkochen und rührt so viel Mehl darein, als man nur darein kriegen kann. Darauf werden acht Eier geklopft und alles zusammen zum Teige gerührt. Dieser Teig wird mit einem Löffel in kleinen Klümpchen abgestochen, welche man auf einer Platte langsam backen lässt, damit sie hoch aufgehen. Sie werden hernach mit Zucker bestreut und inwendig mit Konfitüre gefüllt.

42. Noch auf eine andre Art. Hier wird alles gerade wie oben gemacht, nur dass die Klümpchen hernach nicht gefüllt, sondern bloß mit Zucker bestreut werden.

43. Süßen Kuchen zu backen. Man nimmt ein Pfund Mehl, zwei Löffel voll Gest, ein wenig Salz, ein Viertelpfund Zucker und etwas Canehl, rührt es mit Milch an und setzt es an einen warmen Ort, dass es aufgehe. Darauf wird ein halb Pfund Butter abgeklärt und mit acht Eierdottern zum Schaum gerührt. Ist der Teig aufgegangen; so wird der Schaum mit Korinthen und Rosinen dazu gerührt. Nun nimmt man eine Schneckenform, beschmiert sie mit Butter, bestreut sie ferner mit geriebenem Weißbrot, tut den Teig darein, lässt ihn erst ganz voll gehen und darauf garbacken.

44. Einen Butterkuchen mit Gest. Ein Pfand abgeklärte Butter wird mit dem Gelben von 16 Eiern zu Schaum gerührt. Die Eier aber werden eins nach dem andern darein geschlagen. Darauf wird ein Pfund gutes Mehl, ein Viertelpfund Zucker, Gewürze und etwas guter Gest dazu gerührt. Man lässt es endlich an einem warmen Orte aufgehen und hernach bei wenig Feuer garbacken.

45. Kleinen Zwieback von Gestteig. Man lässt ein wenig Milch und einen Löffel voll Butter warm werden, rührt es zu einem dicken Teig mit dem Gelben von sechs Eiern, mit Zucker, Canehl und Gewürzen, sticht es in kleinen Klümpchen ab, legt sie auf eine Platte, dass sie aufgehen, und lässt sie garbacken. Inwendig werden sie gefüllt.

46. Gebackene Kräpfel. Man macht einen Teig von einem Pfund Mehl, einem Viertelpfund Zucker, sechs Eierdottern, warmer Milch, Gewürzen, Salz und Gest, rollt ihn dann auf und sticht ihn in runden Stücken aus. Zwei solcher Stücker werden aufeinander gelegt, nachdem sie inwendig mit Äpfeln oder Brunellen sind gefüllt worden. Man lässt sie darauf aufgehen, in heißer Butter ausbacken und bestreut sie mit Zucker.

47. Muscheln zu machen. Man rühre ein Viertelpfund Butter mit drei Eierdottern und noch drei ganzen Eiern zu Schaum und rühre hiernächst ein Viertelpfund gestoßene Mandeln, ein wenig Rohm, Korinthen, Zucker, Gewürze, eine Handvoll Mehl und einem Löffel voll Gest dazu, lasse es an einem warmen Orte aufgehen und in Muschelformen garbacken.

48. Eine Mandeltorte zu machen. Es werden erstlich ein Pfund süße Mandeln abgezogen und mit dem Gelben von vier Eiern in einem Mörser gut gestoßen. Darauf wird dieses in einer irdenen Schale nebst einem halben Pfund Zucker, noch zwölf Eierdottern und Zitronenschale eine halbe Stunde gerührt. Von sechs Eiern schlägt man nun das Weiße zum Schaum, tut es auch dazu, beschmiert endlich die Form mit Butter, bestreut sie mit Weißbrot, gibt die Masse hinein und lässt es langsam garbacken.

49. Eine holländische Mandeltorte zu backen. Man rührt ein Pfund gestoßene Mandeln, ein halb Pfund abgeklärte Butter, sechs Eierdotter, acht ganze Eier, ein halb Pfund Zucker, Zitronen und Canehl zum Schaume. Ist dieses eine halbe Stunde gerührt worden; so macht man nun einen guten Butterteig, rollt ihn aus, gießt die Masse darauf, lässt es langsam garbacken, bestreut es mit Zucker und gibt es warm zur Tafel.

50. Einen gebrannten Mandelkuchen zu machen. Erst werden ein Pfund Mandeln abgeschält und in längliche Stückchen geschnitten. Darauf wird ein Pfund Zucker abgeschäumt und mit den Mandeln eingekocht, dass sie braun werden, dabei wird es beständig umgerührt, dass es nicht anbrenne. Nun wird eine Form mit Butter beschmiert, die Masse wird dünne rundherum hineingegeben und gebacken. Wenn es kalt ist; so macht man es mit einem Löffel los und lässt es inwendig hohl.

51. Mandelmuscheln zu backen. Ein Pfund geschälte Mandeln werden erstlich gehackt und dann mit einer geriebenen Zitrone und drei Viertelpfund Zucker durchgemengt. Darauf wird ein wenig Butter abgeklärt. Wenn sie heiß ist; so tut man erst eine Handvoll von den durchgemengten Mandeln darein und lässt sie gelbbraune backen. Ist das geschehen; so werden Teetassen oder Muscheln in kaltes Wasser geworfen. Die Mandeln nimmt man nun mit einem Schaumlöffel heraus und drückt sie mit Geschwindigkeit in die nassen Tassen oder Muscheln. Es wird dann mit einem Messer losgemacht, herausgehoben und so fortgefahren, bis die Masse alle gebacken ist.

52. Mandelspäne zu backen. Man stößt oder hacket ein Pfund geschälte Mandeln und rührt sie mit drei Viertelpfund Zucker, sechs ganzen Eiern und Zitronenschalen durch. Nun beschmiert man eine kupferne Platte mit Baumöl oder mit weißem Wachse, schmiert die Mandeln ganz dünne darauf und lässt es langsam gelbbraun backen; darauf wird es in Stückchen geschnitten, diese mit dem Messer von der Platte gelöst, über das Rollholz gelegt, dass sie sich krümmen, mit Zucker bestreut und so zur Tafel gegeben.

53. Mandelkolatschen. Es werden ein halb Pfund feingestoßene Mandeln, ein halb Pfund Zucker, acht Eierdotter und Zitronenschalen durcheinander gerührt. Alsdann macht man einen Butterteig, rollt ihn ganz dünne, schneidet ihn in viereckige Stückchen, wie eine Hand breit, legt auf jedes Stück einen Löffel voll von den eingerührten Mandeln, schlägt die Ecken über, lässt es im Backofen garbacken und bestreut es mit Zucker.

54. Roulade von Mandeln. Die Mandeln müssen hier auch gestoßen und mit Zucker und Eiern, wie zu den Kolatschen, durchgerührt werden. Dann macht man einen Butterteig, rollt ihn aus und schneidet ihn in Scheiben einer Hand lang und dreier Finger breit. Diese werden mit den eingerührten Mandeln überschmiert, dann aufgerollt, gargebacken und mit Zucker bestreut.

55. Schneckenhäuser zu machen. Diese werden auf dieselbige Art wie die Rouladen von Butterteig und Mandeln gemacht. Die Mandeln werden fingerdicke auf den Teig geschmiert, dann werden sie aufrollt, gebacken, in die Höhe gesetzt und mit Zucker bestreut.

56. Vogelnester von Mandeln. Die Mandeln werden in längliche Stücke geschnitten und mit Zucker und Zitronenschalen durchgemengt. Darauf macht man einen guten Butterteig, rollt ihn aus und sticht ihn mit einem Weinglase in runden Stücken ab. Darauf werden die Mandeln gelegt, nachdem sie in der Mitte nach Art der Vogelnester sind eingebogen worden, und gargebacken. Endlich stößt man Mandeln mit ein wenig Canehl, bildet daraus kleine Vögelchen, überzieht sie mit einem Glas von Zucker und setzt sie, wie über die Eier, in die Nester.

57. Brustdecker von Mandeln und Butterteig. Man rollt einen guten Butterteig aus und schneidet ihn in vier Stücke, oben schmal und unten breit, sodass, wenn sie zusammengesetzt werden, sie viereckig und hoch werden; diese werden mit geschnittenen Mandeln, Zucker und Zitronenschalen bestreut, im Backofen gelbbraun gebacken, auf der Schüssel in die Höhe gesetzt und mit kleinen Gebäcken garniert.

58. Bignets von Rosinen und Mandeln. Man nehme ein halb Pfund Rosinen und ein halb Pfund Mandeln, schäle sie ab und mache sie rein. Darauf ziehe man sie wechselweise, eine Mandel und dann eine Rosine, mit einer Nadel auf einen Faden und binde davon runde Kränzchen. Nun mache man eine Klare von sechs Löffeln voll Mehl, dem gelben von sechs Eiern, ein wenig Zucker, ein wenig Salz, Muskatblumen und ein wenig Rohm, rühre es gut durch, kehre die Kränzchen in der Klare um und backe sie in heißer Butter aus. Der Faden wird zuletzt wieder herausgezogen und die Kränzchen mit Zucker bestreut. Man kann auch Brunellen oder Äpfelstückchen darunter tun.

59. Bignets von Alhornblüte. Wenn die Alhornblüten ausbrechen wollen; so müssen sie bei Büscheln oder Stangenweise abgepflückt werden. Dann wird eine Klare angerührt von einem Viertelpfund Zucker, einem halben Pfund Mehl, ein wenig Wein und von vier Eiern. Darein werden die Blüten erst eingetaucht, in heißer Butter gebraten und mit Zucker bestreut.

60. Bignets von Äpfeln. Man schneidet große saure Äpfel in Scheiben so dicke wie ein Pfeifenstiel, schneidet die Kerne heraus und schält sie. Darauf wird eine Klare abgerührt von ein halb Pfund Mehl, ein wenig Gest, ein wenig Bier, Zucker, Salz, Muskatblumen und vier Eiern. Man sieht dahin, dass sie nicht zu dünne werde, und setzt sie an einen warmen Ort, dass sie aufgehe. In dieser Klare werden die Äpfel umgekehrt, in heißer Butter gebacken und mit Zucker bestreut.

61. Eine andere Art von Äpfelbignets. Man schneidet die Äpfel in Würfel und macht dann eine Klare wie vorhin. Die gewürfelten Äpfel werden darein getan. Nun macht man heiße Butter, nimmt einen breiten Löffel, taucht ihn in die heiße Butter, schmiert etwas von den Äpfeln darauf und hält es mit dem Löffel in die heiße Butter. Es löst sich selbst darinnen ab und wird breit. Man lässt es in der Butter vollends garbacken und bestreut es mit Zucker.

62. Bignets von Kirschen. Man bereite wie oben eine Klare, kehre darinnen die Kirschen mit den Stängeln und Steinen um und lasse sie in heißer Butter ausbacken.

63. Bignets von Brunellen. Man macht die Brunellen auseinander und feuchtet sie mit ein wenig Wein, Zucker und Canehl an, dass sie etwas weich werden. Darauf wird eine Klare abgerührt von einem halben Pfund Mehl, zwölf Lot Zucker, etwas Wein und von dem Gelben aus vier Eiern. Das Weiße aus den Eiern wird zum Schnee geschlagen und dann zu der Klare gerührt. Darinnen werden die Brunellen umgekehrt und in heißer Butter ausgebacken.

64. Bignets von Zwetschgen und Aprikosen. Diese werden geschält und geradeso wie die Brunellen aus der Klare in heißer Butter ausgebacken.

65. Bignets von Stachel- und Johannisbeeren. Auch diese, wenn sie reingemacht sind, werden aus der klare wie oben ausgebacken.

66. Aufgerolltes Schneegebackenes. Nach der Größe der Schüssel nimmt man 14 bis 16 Eier und schlägt das Weiße so stark zum Schnee, dass man das Geschirre umkehren kann. Damit schlägt man ein halb Pfund feingesiebten Zucker, geriebene Zitronenschale, ein wenig feingestoßenen Canehl und zuletzt ein Viertelpfund fein Mehl durch. Darauf macht man eine Platte warm, beschmieret sie mit Wachs, putzt es wieder mit Löschpapier rein ab, schmiert die Masse mit einem Messer Messerrückens dicke darauf und lässt es gelbbraun backen. Nun schneidet man es in Stücke, vier Finger lang und so viel breit, und rollt es auf. Es darf an keinen feuchten Ort gesetzt werden, sonst wird es weich. Es wird beim Anrichten mit Zucker bestreut.

67. Einen Reiskuchen zu machen. Man wäscht ein Pfund Reis und kocht ihn in Milch gar und dicke. Ist das geschehen; so wird ein halb Pfund Butter abgeklärt, mit acht oder zehn Eiern zum Schaum gerührt und dann durch den Reis wieder gerührt mit Zucker, Canehl, Zitronenschalen und ein wenig Salz. Endlich nimmt man nun ein Reifband, beschmiert es mit Butter, bestreut es ferner mit Weißbrot, tut den Kuchen darein und lässt ihn garbacken.

68. Auf eine andere Art. Der Reis wird gerade wie vorhin zubereitet. Man gibt hiernächst aber noch Korinthen, Rosinen und Brunellen dazu. Darauf macht man eine Torte von Butterteig und von dem Reife und lässt sie garbacken. Sie wird dann mit Zucker bestreut und zur Tafel gegeben.

69. Ausgebackene Oblaten mit Kirschen. Man nimmt eingesetzte Kirschen im Zucker, schneidet die Oblaten in breitet Striemen, legt sie in Eier, dass sie etwas weichen, legt dann die Kirschen einzeln darauf, wickelt sie darinnen ein, kehrt sie wieder in Eiern um, bestreut sie mit geriebenem Weißbrot, lässt sie aus heißer Butter garbacken, richtet sie an und bestreut sie mit Zucker.

70. Farcierte Schlangen von Äpfelcreme. Man macht einen guten Butterteig, schneidet ihn in lange Striemen wie eine Elle lang, macht ihn an dem einen Ende drei Finger breit, an dem andern aber ganz spitz. Darauf wird ein dicker Äpfelbrei mit Butter, Korinthen, gestoßenem Canehl und Zucker gargeschwitzet. Ist dies kalt; so wird das Gelbe von sechs Eiern dazu gerührt. Diesen Brei schmiert man dünne auf den Teig, bestreicht es mit Eiern, schlägt den Teig zusammen, gibt ihm die Facon einer Schlange, macht den Kopf und Schwanz daran, in den Kopf setzt man Zähne von

Mandeln und Augen von Korinthen, legt dann die Schlange rund, lässt sie garbacken und bestreut sie mit Zucker.

71. Englisches Schnittgebackenes zu machen. Es wird ein Pfund gutes Mehl mit Rohm glattgerührt, dass man es ziehen kann, und dann werden acht Eierdotter und acht ganze Eier mit Gewürzen, Salz und Zitronenschalen dazu gerührt. Man nehme darauf eine Tortenpfanne, beschmiere sie mit Butter, legt die Masse darein und lasse es langsam trocknen, bis man es mit einem Messer schneiden kann. Nun wird es, wie zwei Finger dicke und lang, ausgeschnitten, in abgeklärter Butter ausgebacken, gut geschüttelt und dann mit Zucker bestreut.

72. Modellgebackenes zu machen. Man nimmt das Gelbe von acht Eiern, ein wenig Zucker, Gewürze und Salz, macht es mit Mehl zum Teige und rollt es dünne aus. Darauf werden mit dem Backrade allerlei Modells abgerissen, in heißer Butter ausgebacken und mit Zucker bestreut.

73. Tannenäpfel zu backen. Der Teig zu den Tannenäpfeln wird auf dieselbe Art bereitet wie zu dem Modellgebäcke. Er wird darauf ganz dünne ausgerollt und mit einem Weinglase abgestochen. Die Scheiben werden nun rundherum mit einem Messer eingekerbt, mit Eiern bestrichen, fünfe oder sechse aufeinander gelegt, in Butter ausgebacken und mit Zucker bestreut.

74. Rohmkuchen zu backen. Von dem Gelben aus sechs Eiern, von vier Löffeln voll dickem Rohm, einem Viertelpfund ausgewaschener Butter, von Gewürzen und gutem Mehle macht man einen Teig, wie Butterteig, rollt ihn so dicke aus wie einen Pfeifenstiel, bestreicht ihn mit geschmolzener Butter, lässt es in der Tortenpfanne garbacken und bestreut den Kuchen mit Zucker und Canehl.

75. Zuckerstrauben. Man nimmt ein halb Pfund gut Mehl, ein Viertelpfund Zucker, das Weiße von vier Eiern und noch vier ganze Eier und rührt dieses so dünne an, dass es durch einen Trichter laufen kann, woran vier kleine Röhren sind, die nicht dicker sein dürfen als ein Pfeifenstiel. Hat man es vorher probiert, ob es durchlaufen könne; so klärt man eine kleine Kasserolle halb voll Butter ab. Ist sie ganz heiß; so lässt man einen Löffel voll von der Klare durch den Trichter kreuzweise hineinlaufen. Wenn es an der einen Seite braun ist; so kehrt man es um, nimmt es dann mit dem Schaumlöffel wieder heraus und beugt es über das Rollholz. So lässt man es nach und nach in die Butter laufen, bis es alle ist, und bestreut es mit Zucker. Die Butter muss allezeit recht heiß sein. Wenn die Klare nicht dünne genug ist; so können mehrere Eier hineingeschlagen werden.

76. Trichtergebackenes. Man nehme ein halb Pfund Mehl, vier Lot Zucker, das Gelbe von vier Eiern, vier ganze Eier, Muskatblumen und Milch, rühre dieses glatt an wie zum Pfannenkuchen und kläre nun in einer kleinen Kasserolle Butter ab. Wenn die Butter heiß ist; so lässt man allemal zwei Löffel voll durch einen Trichter hineinlaufen, lässt es gelbbraune backen, fährt damit fort, bis die Masse alle verbacken ist und bestreut das Gebäcke mit Zucker.

77. Schneegebackenes. Von acht Eiern wird das Weiße zum Schaum geschlagen und dazu tut man hiernächst ein Viertelpfund feingestoßenen Zucker und Zitronenschalen. Man legt darauf Papier auf eine Platte, sticht von der Masse lauter Stücke ab, ungefähr wie eine Hand groß, legte diese auf die Platte und setzt diese in den Backofen, wenn er schon verschlagen ist. Es darf nicht backen, sondern nur zwei bis drei Stunden trocknen, dass es leichte werde. Aus dem Ofen wird es gleich zur Tafel gegeben.

78. Morellen von Eierweiß. Von dem Weißen aus acht Eiern wird erst ein guter Schaum geschlagen und dann werden zwölf Lot Zucker und Zitronenschale dazu getan. Nun nimmt man ein dick Brett, legt es in eine Pastetenpfanne, legt ein Papier darüber und bestreut es mit geriebenem Zucker. Darauf tut man Klümpchen von der Masse, wie ein Ei groß, und gibt von oben Feuer darauf. Sie müssen nur von oben backen und darum darf unten gar kein Feuer sein. Man legt alsdann zwei Stücke zusammen.

79. Creme-Fridt von Reis. Man kocht Reis mit Milch, Zitronenschalen, Canehl und Zucker ganz dicke. Wenn er gar ist; so rührt man das Gelbe von sechs Eiern dazu. Darauf streut man Mehl auf den Backtisch, macht den Reis dünne darauf auseinander, und wenn er kalt ist; so schneidet man runde oder viereckige Kuchen davon ab, wendet sie in Eiern oder in einer Klare um, lässt sie in Butter ausbacken und bestreut sie mit Zucker.

80. Creme-Fridt-Gebackenes. Man rührt erstlich sechs Löffel voll Mehl mit Milch an und rührt es dann auf dem Feuer mit acht Eierdottern, mit Zitronenschale, Zucker und Canehl so dicke ab, als man es rühren kann. Darauf lässt man es ein wenig verschlagen, streut ein wenig Mehl auf den Backtisch und macht die Creme dünne darauf auseinander. Ist er nun kalt und steif geworden; so wird er in kleinen Kuchen abgeschnitten und in heißer Butter ausgebacken.

81. Makronenkuchen. Man koche ein halb Pfund Fadenmakronen in Milch ganz dicke, rühre zwölf Lot Zucker mit dem Gelben von acht Eiern und mit einem halben Pfunde Butter zu Schaum, rühre es zu dem Makronenbrei und lasse es in einer Randform garbacken. Man kann auch wohl das Eiweiß dazu schlagen.

82. Pistazienkuchen zu backen. Ein halb Pfund Pistazien werden in heißem Wasser abgezogen und mit drei Eierdottern gestoßen. Darauf wird für zwei mgr. Weißbrot in Milch geweicht, ein halb Pfund Butter mit dem Gelben von sechs Eiern zum Schaum geschlagen, die Pistazien und das Brot wird ausgetrocknet, das Eiweiß wird zum Schnee geschlagen, dies alles wird darauf mit einem Viertelpfund Zucker, Zitronenschalen und Canehl durcheinander gerührt und in einer Form gargebacken. Wenn es gar ist; so wird der Kuchen in eine Kasserolle gelegt, ein halb Maß Wein mit Zucker und Canehl darüber gegossen, in einen Backofen gesetzt, dass es warm bleibe, und so zur Tafel gegeben.

83. Krebskuchen zu bereiten. Man kocht 40 bis 60 Stück Krebse in Wasser und Salz ab, macht die Schwänze aus den Schalen und hackt sie fein. Die Schalen werden ferner im Mörser mit Butter gestoßen und davon wird eine Krebsbutter gemacht. Darauf wird für zwei mgr. Semmel in Milch geweicht, ein halb Pfund von der Krebsbutter wird mit acht Eiern zum Schaum gerührt, nun werden die gehackten Schwänze, nebst den ausgedrückten Semmel, Zitronenschale, Canehl und Zucker durchgerührt und zuletzt auch noch mit dem Schaume durchgemengt und im Reifbande gargebacken.

84. Krebskuchen auf eine andere Art. Man nimmt wie vorhin 40 bis 60 Stück Krebse, kocht sie im Wasser und Salz ab, schält die Schwänze aus und hackt sie fein. Die Schalen stößt man mit Butter und kocht sie klar. Nun werden ein oder zwei Löffel voll Mehl mit geriebenem Zucker, Canehl und Zitronenschalen geschwitzt und dann mit Milch zum Brei gekocht, dass man ihn ziehen kann. Darauf werden acht bis zehn Eier kleine geklopft und mit den gehackten Krebsen, der Zitronenschale und Zucker durcheinander gerührt. Endlich macht man einen Rand von Teige um eine Schüssel, gibt die eingerührte Masse darauf, lässt es im Backofen braune backen und bestreut es mit Zucker.

85. Cremetorte. Erst bereitet man Creme von einem Löffel voll Mehl, Wein, Zitronenschalen und Zitronensaft, Zucker, Canehl und gestoßenen Mandeln. Wenn er dann kalt ist; so wird eine Torte von Butterteig davon gemacht, gargebacken und mit Zucker bestreuet.

86. Zitronentorte auf andere Art als No. 17. Von acht oder zwölf Zitronen werden die Schalen abgeschält, im Wasser gargekocht und feingestoßen. Die Zitronen selbst aber werden in Scheiben geschnitten, in eine Porzellanschale gelegt und mit Zucker bestreuet. Darauf wird ein halb Pfund Butter, mit dem Gelben von zehn Eiern, einem halben Pfunde feingestoßenen Mandeln und mit den Zitronenschalen zum Schaum gerührt, von vier Eiern wird das Weiße mit einem halben Pfunde Zucker zum Schnee geschlagen und endlich wird dieses alles durcheinander gerührt. Alsdann wird ein Boden von Butterteig in die Tortenpfanne gemacht, dieser mit den Zitronenscheiben belegt, die Masse darauf gegeben, wieder oben mit Zitronenscheiben belegt, gargebacken und mit Zucker bestreuet.

87. Kuchen von reifen Pflaumen oder Zwetschgen. Die Früchte werden erst abgeschält, ausgekernt und mit Zucker und Canehl bestreuet. Darauf muss man von Butterteige einen Boden in die Tortenpfanne machen, die Pflaumen darauf herumlegen, einen Rand von dem Teige darum ziehen, es mit Zucker, Canehl und geriebenem Weißbrot bestreuen und garbacken lassen.

88. Kuchen von sauren Kirschen. Aus den Kirschen werden erstlich die Steine herausgenommen. Darauf wird ein Butterteig gemacht, dieser wird ausgerollt, auf eine Platte gelegt, ein Rand von demselben Teige darum gezogen und mit Zucker, Canehl und geriebenem Weißbrot bestreuet.

Nun werden die Kirschen darauf gelegt, wiederum mit Zucker, Canehl und geriebenem Weißbrot bestreuet und so gargebacken.

89. Kirschkuchen auf eine andere Art. Man legt für zwei mgr. Semmel in Milch, rührt dann es halb Pfund Butter mit dem Gelben von acht Eiern zum Schaum und gibt Zucker, Canehl und Zitronenschale dazu. Das Brot wird nun ausgedrückt, das Weiße von Eiern zum Schnee geschlagen und das Erste alles dazu gerührt. Das tut man heirauf in eine Reife, legt die Kirschen darauf, bestreut sie mit Zucker, Canehl und Weißbrot und lässt es garbacken.

Anmerk. Auf ebendiese Art werden Kuchen von Johannisbeeren, schwarzen Beeren, Aprikosen, Weintrauben, Stachelbeeren, Erdbeeren usw. gebacken.

90. Gefüllte Borsdorfer Äpfel mit Creme. Die Äpfel werden erstlich geschält und die Kerne herausgemacht. Dann wird ein wenig Äpfelbrei mit Korinthen, mit Zucker, mit dem Gelben von drei Eiern, mit Zitronenschale und ein wenig Butter zur Creme gerührt. Damit werden die Äpfel gefüllt, einzeln auf einen ausgerollten Butterteig gesetzt, der Teigrand wird mit Eiern bestrichen, ein Deckel darauf gemacht, beschnitten, bunt gemacht, wieder mit Eiern bestrichen und endlich gargebacken.

91. Auf eine andere Art. Die Äpfel werden geschält und ausgehöhlt. Inwendig werden sie nun mit eingesetzten Kirschen oder Johannisbeeren gefüllt, mit Butterteig darauf überzogen, gargebacken und mit Zucker bestreut.

92. Eine Äpfeltorte. Man schält saure Äpfel, schneidet sie in Scheiben, nimmt den Kern und das Kernhaus heraus und menget sie mit Zucker, Canehl und Korinthen durch. Nun macht man einen guten Butterteig, rollt ihn aus und legt davon ein Blatt in die Tortenpfanne, so dicke wie ein Pfeifenstiel. Dies wird mit Eiern bestrichen, die Äpfel werden darein gelegt, mit einem ausgeschnittenen Deckel bedeckt, gargebacken und mit Zucker bestreut.

93. Eine Brunellentorte. Die Brunellen werden erst mit Wein, Zucker, Zitronenschalen und Canehl gekocht. Wenn sie kalt sind; so werden sie wie oben die Äpfel mit Butterteige zur Torte gemacht. Man lässt sie garbacken und bestreut sie mit Zucker.

Amerk. Auf ebendiese Art werden Torten gebacken von Zwetschgen, von sauren Kirschen, Johannisbeeren und Stachelbeeren.

94. Einen Äpfelkuchen zu backen. Man schäle saure Äpfel, schneide sie in Scheiben und schwitze sie in brauner Butter gar. Für zwei mgr. Semmel weiche man in Milch ein und drücke es, wenn es geweicht hat, wieder aus. Darauf schlage man acht Eier zum Schnee und rühre denn alles, die Eier, das ausgedrückte Weißbrot und die Äpfel nebst Zucker und Canehl zum Brei. Diesen Brei lege man auf einen guten ausgerollten Butterteig, mache einen Rand darum, lass es garbacken und bestreue es mit Zucker.

95. Einen Orangenpudding zu backen. Von sechs Orangen werden die Schalen gargekocht und kleine gerieben. Für zwei mgr. Weißbrot wird in Milch durchgeweicht und wieder ausgedrückt. Ein halb Pfund Butter wird mit dem Gelben von sechs Eiern zum Schaum gerührt, dazu gibt man dann Zucker, Canehl und Zitronenschalen. Das Weiße von den Eiern schlägt man zum Schnee und rührt nun alles Erstere dazu. Es wird im Reif gebacken, mit eingemachten Orangenschalen belegt und mit Zucker bestreut.

96. Englischen Pudding zu backen. Man weicht für vier mgr. Weißbrot in Milch durch und drückt solches mit einem Tuche wieder aus. Darauf rührt man ein halb Pfund Butter mit dem Gelben von zehn Eiern zum Schaum und gibt dann das Weißbrot, Zucker, Canehl, Zitronenschalen, Rosinen und Korinthen dazu. Das Weiße von den Eiern wird zum Schnee geschlagen und nun alles durcheinander gerührt. Endlich nimmt man eine Form, beschmiert sie mit Butter, bestreut sie mit geriebenem Weißbrot, gibt die Masse hinein und lässt es garbacken.

97. Ein Zitronenkuchen. Man nimmt ein halb Pfund frische Butter, rührt sie zum Schaum, kocht sie mit dem gelben von 16 Eiern zum Rührei und nimmt sich in acht, dass sie nicht zusammenlaufen. Nun nimmt man es vom Feuer, rührt es kalt, gibt noch drei rohe Eierdotter und drei Viertelpfund Zucker dazu, worauf vier Zitronen sind abgerieben worden, und rührt es gut durch. Endlich gibt man auch den Saft von vier Zitronen daran, und wenn alles gut und glatt gerührt ist; so wird das Weiße von 16 Eiern recht gut geschlagen und noch zu den Ersteren getan und langsam durchgerührt. Man nimmt dann einen Reif, legt einen Butterteig darein, gibt die Masse darauf, lässt es garbacken, bestreut es mit Zucker und gibt es warm zur Tafel.

98. Waffelkuchen ohne Eier und Butter. Ein Pfund Mehl, ein Viertelpfund Zucker, ein wenig Salz, Muskatblumen und Canehl wird mit saurem Schmand oder Rohm, der vorher mit einer Rute zum Schaum geschlagen wurde, angerührt. Die Masse muss so dünne bleiben wie zum Pfannenkuchen. Die Form wird dann mit Speck beschmiert und die Kuchen werden nach und nach gebacken, mit Zucker bestreut und warm auf die Tafel getragen.

99. Bubbert von Krebsen. Man nimmt acht Stück Krebse, schneidet ihnen die Köpfe so weit die Galle geht und die Schwänze ab. Die Mittelstücke werden ungekocht mit zwölf ganzen Eiern im Mörser ganz fein gestoßen. Nun gibt man zwei Maß Milch dazu und reibt es damit durch ein Haartuch, sodass die Krebse und Eier alle durchkommen. Es wird darauf auf dem Feuer mit der Vorsicht durchgekocht, dass es nicht hart werde. Sobald als sich's teilt; so tut man es auf ein Tuch, damit die Molke oder Wake ablaufe und das andere trocken werde. Die Köpfe und Schwänze von den Krebsen werden nun abgekocht und ausgeschält. Von den Schalen macht man Krebsbutter, das Fleisch aber wird mit den trocknen Eiern gehackt. Die Krebsbutter wird mit dem Gelben von acht Eiern zum Schaum gerührt. Von vier Eiern schlägt man das Weiße zum Schnee und rührt diesen mit dem Schaum, mit den gehackten Eiern und Krebsen, mit ein wenig Salz, mit gestoßenem Zwieback für zwei mgr., mit Zucker, Zitronenschaken und Canehl durcheinander. So wird es im Reife geschmieret, langsam darinnen gargebacken und mit Zucker bestreut.

100. Brotkuchen mit Wein. Man schwitzt drei Viertelpfund Brot in Butter und gießt Wein darauf, dass es darinnen weichen kann. Dies rührt man dann durch mit dem Gelben von zehn oder zwölf Eiern, fein gestoßenen Mandeln, Zitronenschalen, Zucker und Canehl. Das Weiße von den Eiern wird zum Schnee geschlagen, alles fein durcheinander gerührt und im Reife gargebacken.

101. Kürbiskuchen. Man schält einen reifen Kürbis, schneidet ihn in Stücke, nimmt das Inwendige mit den Kernen heraus und kocht ihn ihm

Wasser gar. Ist das geschehen; so tut man es in einen Durchschlag, dass es ablaufe, trocknet es mit einem Tuche ab und hackt es fein. Darauf wird ein halb Pfund Butter mit dem gelben von acht Eiern zum Schaum gerührt. Das Weiße von den Eiern schlägt man zum Schnee und rührt nun alles dieses, nebst geriebenem Zwieback, großen und kleinen Rosinen, Zucker, Canehl, ein wenig Salz und Pfeffer durcheinander und lässt es im Reife langsam garbacken.

102. Einen Kuchen von Käse zu backen. Drei Maß Milch werden zuerst aufgekocht, darein tut man den Saft von einer Zitrone, dass es käse. Darauf gibt man es in ein Sieb, dass die Molke oder Wake ablaufe. Nun wird der Käse in einem Mörser mit einem halben Pfunde Butter und dem Gelben von zehn Eiern gestoßen. Der Schaum wird mit Canehl und Zucker dann durchgerührt und im Reife gargebacken.

103. Schokoladenkuchen zu machen. Man koche zwei Maß Milch mit vier geklopften Eiern auf und tue Zitronensaft darein, dass es zusammenlaufe, nun tue man es in ein Sieb, dass es ablaufe, und stoße den Käse alsdann im Mörser. Darauf rühre man ein halb Pfund Butter mit dem Gelben von zehn Eiern zum Schaum, rühre dazu den Käse, ein halb Pfund gestoßene Mandeln, ein Viertelpfund Schokolade, Zucker, Zitronenschalen, Canehl und das Weiße von den Eiern, das vorher zum Schnee geschlagen wurde, und lasse es in einem reife langsam garbacken.

104. Französischen Äpfelkuchen. Zwölf Borsdorfer Äpfel müssen geschält, klein geschnitten und in brauner Butter geschwitzt werden. Darauf rührt man das Gelbe von zwölf Eiern mit einem Viertelpfund Butter zum Schaum, weicht Weißbrot in Milch, trocknet es wieder ab und gibt es mit Zucker, Canehl, Zitronenschale und Korinthen zum Schaume. Von sechs Eiern schlägt man nun das Weiße zum Schnee, rührt es zu den Ersten, lässt es in einem Reife garbacken und gibt es warm zur Tafel.

105. Anistorte. Das Gelbe von 18 Eiern wird mit einem Pfund Zucker eine Stunde lang zusammengerührt. Das Weiße schlägt man darauf zum Schaum und rührt es noch dazu mit einem Pfunde guten Mehl, Zitronenschalen, einem Viertelpfund Zucker und mit Anis, der mit Zucker überzogen ist. Endlich nimmt man eine Mandeltortenpfanne, beschmiert sie mit Butter, bestreut sie mit geriebenem Weißbrot, gibt die Masse darein und lässt es garbacken.

106. Einen Wurzelkuchen zu backen. Die Wurzeln werden im Wasser abgekocht, mit einem Tuche abgetrocknet und auf dem Reibeisen gerieben. Dann wird ein halb Pfund Butter mit dem Gelben von zehn Eiern zum Schaum gerührt, Weißbrot in Milch geweicht und wieder ausgetrocknet und dieses mit den Wurzeln, dem Schnee von den Eiern und mit Korinthen, Zucker, Canehl, Zitronenschalen durchgerührt. Ist dies geschehen; so nimmt man einen Reif oder eine Schüssel, beschmiert diese mit Butter, bestreut sie mit geriebenem Weißbrot und lässt es darauf garbacken. Nimmt man eine Schüssel; so kann ein bunter Rand darum gemacht werden.

107. Eine Kartoffeltorte. Die Kartoffeln werden reine abgeschält, auf der Reibe gerieben und in warmes Wasser getan. Darauf wird ein halb Pfund Butter mit dem Gelben von zehn Eiern zum Schaum geschlagen, dazu rührt man ein halb Pfund gestoßene Mandeln, ein halb Pfund von den Kartoffeln, die vorher recht gut ausgedrückt worden sind, Zucker, Canehl, Zitronenschale und den Schnee von dem Weißen aus den Eiern und lässt es im Reife garbacken.

108. Ein Kuchen von Habergrütze. Die Habergrütze wird erst im Wasser ganz dicke gekocht und durch ein Haartuch gerieben, damit der Schleim alle herauskomme. Den Schleim setzt man nun wieder auf das Feuer und rührt ihn mit einem Löffel, dass es ganz dicke werde. Darauf wird ein halb Pfund Butter mit dem Gelben von sechs Eiern zum Schaum gerührt, mit dem Schleim, mit geriebenem Zwieback, mit Zucker, Canehl, Korinthen und mit dem Schnee, von dem Weißen aus vier Eiern, durchgerührt und in einer Randform gargebacken.

109. Dünne Eisenkuchen zu backen. Ein Pfund Mehl, ein Viertelpfund Zucker, ein halbes Lot Canehl, zwei Eier und ein halb Maß Wein wird gut durchgerührt, nach und nach in den Eisen gebacken und aufgerollt.

110. Verlorne Eier in der Klare gebacken. Man lässt die Eier in kochend Wasser und Salz fallen. Wenn das Weiße hart ist; so tut man sie in einen Durchschlag, dass sie ablaufen, dann werden sie in einer Klare umgewendet und aus heißer Butter gebacken.

111. Eierkäse zu backen. Man kocht anderthalb Maß Milch auf, darauf werden 18 bis 20 Eier brav geklopfet und mit ein wenig Salz und Zucker zu der Milch getan. Hiernächst lässt man es durchkochen und gießt es in ein Sieb oder in einen Durchschlag, dass die Molke oder Wake ablaufe. Ist der Käse nun kalt; so wird er in Scheiben geschnitten, in einer Klare umgewendet, aus heißer Butter gargebacken und mit Zucker bestreuet.

112. Ein türkischer Bund. Man nehme ein halb Pfund Zucker, geriebene Zitronenschalen, Canehl, vier Lot Butter, vier ganze Eier und menge dieses mit Mehl zu einem Teig. Ist das geschehen; so rolle man den Teig wie einen Finger dicke aus, nehme eine runde Kasserolle, die nicht gar zu groß ist, beschmiere sie auswendig mit Butter, bestreue sie mit Weißbrot, mache den Teig darüber und lasse ihn so im Backofen langsam braun backen. Darauf überziehe man es mit einem Glas von Zucker und Eierweiß und lege einen hübschen Bund darum von gelben Orangenschalen, Sukade und andern eingemachten Sachen. So wird es dann auf eine Schüssel gesetzt und mit kleinen Gebäcken garniert.

113. Marzipan zu machen. Man rührt ein halb Pfund weißen Zucker, ein Eiweiß und den Saft von einer Zitrone zu einem Glase. Dann nimmt man Oblaten, überschmiert sie mit dem Glase eines Messerrückens dicke und lässt sie im Backofen trocknen. Sie werden hernach in lauter kleine Stückchen geschnitten und so zur Tafel gegeben.

114. Gebackene Champignons. Man hat Eisen wie Champignons oder Muscheln. Nun macht man eine Klare von einem halben Pfund Mehl, zwei Lot Zucker, Muskatblumen, von vier Eiern, Salz und Milch. Ist diese angerührt; so setzt man die Eisen oder Forme in heiße Butter. Wenn sie recht heiß sind; so gießt man einen Löffel voll von der Klare in die Form, hält es in die Butter, löst es mit einem Messer ab, lässt es gelbbraune backen, bestreut es mit Zucker und gibt es so zur Tafel.

115. Ein englischer Butterkuchen. Ein Pfund abgeklärte Butter wird mit dem Gelben von zwölf Eiern zum Schaum gerührt. Darauf werden ein

Pfund Rosinen recht reine gemacht und abgekocht. Den Schaum und diese rührt man mit einem halben Pfunde Korinthen, drei Viertelpfund Zucker, einem Pfunde Mehl, abgeriebener Zitronenschale, mit etwas Gewürz und mit dem Schnee von dem Weißen der Eier durch, nimmt eine Kasserollpfanne, beschmiert sie mit Butter, bestreut sie mit Weißbrot, tut die Masse hinein und lässt es in einem nicht zu heißen Backofen die Nacht durch langsam backen und trocknet. Der Kuchen wird hernach herausgenommen, mit zucker bestreut und aufgetragen.

116. Wiener Kolatschen zu backen. Ein Pfund Butter wird mit vier Eiern zum Schaum gerührt, dazu rührt man hiernächst ein Pfund Butter, ein Pfund feingestoßene Mandeln, ein Pfund Mehl und Zitronenschalen. Dieses schmiert man eines Fingers dicke auf Oblaten und lässt es langsam garbacken. Es wird hernach in kleine runde Kuchen geschnitten und aufgetragen.

117. Oblatentorte mit Mandeln. Ein halb Pfund Butter wird mit dem Gelben von vier Eiern zum Schaum gerührt. Dazu rührt man hernach noch ein halb Pfund gestoßene Mandeln, ein halb Pfund Zucker, ein halb Pfund Mehl und Zitronenschale. Nun beschmiert man eine Platte mit Butter, legt die Oblaten darauf, gibt die eingerührte Masse auf die Oblaten, belegt sie mit Konfitüre und lässt es langsam garbacken.

118. Ein Tortelett zu machen. Man rührt ein halb Pfund Butter mit fünf Eiern zum Schaum, dazu tut man alsdann ein halb Pfund Zucker, ein Viertelpfund Mehl, gestoßenen Canehl, Muskatblumen, Kardamom und Zitronenschalen. Nun nimmt man eine Tortenpfanne, legt unten Papier hinein und lässt es darauf langsam garbacken.

119. Ausgebackene Äpfel. Man kocht Borsdorfer Äpfel mit einem halben Pfund gestoßener Mandeln ganz trocken zum Brei, mit diesem rührt man sechs Eier, ein Viertelpfund Zucker, Canehl und etwas Weißbrot durch. Davon macht man dann wieder Äpfel mit Blumen und Stielen, kehrt sie in Eiern um, bestreut sie mit Weißbrot und lässt sie in Butter ausbacken.

120. Birnen von Äpfelbrei gemacht und ausgebacken. Man kocht einen Äpfelbrei ganz trocken mit Zucker, Canehl und ein wenig Weißbrot. Wenn dieser Brei kalt ist; so werden Birnen davon gemacht mit Blumen und Stielen, diese werden in einer Klare umgekehrt und in heißer Butter ausgebacken.

121. Eine Pomeranzentorte. Acht bis zehn abgeschälte Pomeranzen werden in Wasser gargekocht und feingehackt. Ein halb Pfund Mandeln werden feingestoßen. Weißbrot wird in Wein geweicht und wieder ausgedrückt. Ein halb Pfund Butter wird mit dem Gelben von acht Eiern zum Schaum geschlagen. Dieses alles wird noch mit einem halben Pfunde Zucker durchgemengt. Zuletzt wird auch der Schnee von dem geschlagenen Eiweiß damit durchgerührt und im Reife gargebacken.

122. Einen Speckkuchen zu machen. Es wird von einem Viertelpfund Butter, vier Eiern, ein wenig Rohm, einem Löffel voll Gest, Gewürzen und Mehl ein Teig gemacht. Dieser wird ausgerollt, in kleine Stückchen geschnitten, auf eine Platte gelegt und mit gewürfeltem Speck, mit Zucker und Canehl bestreut. Nun setzt man es an einen warmen Ort, dass es aufgehe und lässt es dann garbacken.

123. Einen Kuchen von Hagebutten. Ein halb Pfund Butter wird mit dem Gelben von zehn Eiern zum Schaum gerührt. Ein halb Pfund Hagebutten werden nun mit drei sauren Äpfeln im Wein ganz dicke zum Brei gekocht, sodass nichts Nasses daran bleibe. Diesen Brei streicht man durch ein Haarsieb. Dazu gibt man noch für zwei mgr. gestoßenen Zwieback mit einem Viertelpfund Zucker, Gewürze und Zitronenschalen. Endlich wird auch das Weiße von den Eiern zum Schnee geschlagen, dazu gerührt und im Reife gebacken.

124. Einen Cremekuchen zu backen. Es wird ein Viertelpfund Butter in einer Kasserolle mit einem Viertelpfund Mehl geschwitzt. Ist das geschehen; so gibt man Milch oder Rohm dazu und lässt es damit dicke kochen. Dazu mengt man Zucker, Canehl, Zitronenschalen und das Gelbe von acht Eiern. Das Weiße von den Eiern wird nun zum Schnee geschlagen und jenes mit diesem durcheinander gerührt. So wird es dann im Reife endlich gebacken.

125. Einen Kirschkuchen zu machen. Ein ganzes Pfund Butter wird mit 16 Eiern zum Schaum geschlagen. Ebenso rührt man wieder acht Eier besonders zum Schnee. Für zwei mgr. Weißbrot weicht man in Milch und drückt es wieder aus. Aus zwei Pfund sauren Kirschen werden die Steine herausgemacht. Dieses alles rührt man nun wohl durch mit einem Pfunde Zucker und Canehl. Nach diesem wird es im Reife oder in einer Tortenpfanne gargebacken.

126. Einen Weichpott zu machen. Man kocht einen Äpfelbrei mit Zucker und Canehl. Darauf macht man eine Weincreme von acht Eierdottern, Butter, Canehl, Mehlzucker und Wein, welches auf dem Feuer abgerührt wird. Ist dies geschehen; so werden geschnittene Scheiben von Weißbrot geröstet. Nun nimmt man einen Reif, belegt ihn unten mit dem Weißbrot, darauf tut man Creme, darauf wieder Weißbrot, darauf Äpfelbrei, und so eins um das andere, bis es alle ist. Oben wird es endlich mit Zucker, Canehl und Weißbrotkrumen bestreut und gargebacken.

127. Krebskuchen mit Äpfeln. Die Krebse werden im Wasser und Salz gargekocht. Die Schwänze werden ausgemacht und gehackt. Von den Schalen macht man Krebsbutter. Darauf kocht man einen Brei von Äpfeln, Wein, Zucker, Zitronen und Canehl. Die Krebsbutter wird nun mit dem Gelben von acht Eiern zum Schaum gerührt. Weißbrot wird in Wein geweicht und wieder ausgedrückt. Das Eiweiß wird zum Schnee geschlagen. Nun wird dieses alles endlich durcheinander gerührt und in einem Reife gargebacken.

128. Aniskräpfel. Man stößt ein Pfund Zucker mit dem Weißen von drei Eiern, mit dem Safte aus einer halben Zitrone und mit geriebener Zitronenschale so lange im Mörser, bis es zähe wird. Darauf schmiert man diese Masse fingerdicke auf eine Oblate, bestreut diese mit Anis und lässt sie langsam garbacken.

129. Kantelorges zu backen. Man macht einen guten Teig von vier Handvoll Mehl, eben von so viel Zucker, von dem Gelben aus vier Eiern und Gewürzen. Dieser Teig wird dünne ausgerollt, über kleine runde Hölzer gemacht, die einer Hand lang und mit Butter vorher beschmiert worden sind, und in heißer Butter ausgebacken. Ist das Gebäcke gar; so werden die Hölzer herausgezogen, und dann wird es mit Konfekt gefüllt.

130. Torte de Mousserons. Man nimmt ein Viertelpfund Butter und schlägt sie mit dem Gelben von zehn Eiern zum Schaum. Das Weiße von fünf Eiern wird zum Schnee geschlagen. Dieses beides wird noch mit einem Viertelpfund gestoßenen Mandeln, mit einem Viertelpfund Zucker und Zitronenschalen durcheinander gerührt. Nun macht man davon eine Torte mit Butterteig und lässt es gelinde garbacken.

131. Butterkuchen zu backen. Man macht einen Teig von einem Löffel voll Rohm, von gutem Gest und von einem Ei, und rollt ihn aus. Darauf nimmt man beinahe ebenso viel abgewaschene und wieder abgetrocknete Butter und rollt diese mit dem Teige zweimal aus. Davon schneidet man lauter kleine Kuchen, bestreut sie mit Zucker und Canehl und lässt sie endlich garbacken.

132. Torte de ma Mere. Nimm ein Pfund gestoßene Mandeln, ein Pfund Zucker und das Gelbe von 26 Eiern. Rühre dieses eine Stunde durch. Darauf schlage das Weiße von sechs Eiern zu Schnee, rühre beides mit Canehl und Zitronenschalen wohl durcheinander und lass es in der Forme langsam backen.

133. Ein Stachelbeerkuchen zu backen. Man wirft die jungen Stachelbeeren in kochend Wasser, dass die Säure herausgehet, dann setzt man sie mit Zucker und Canehl auf das Feuer, dass sie heiß werden. Ist das geschehen; so wird Weißbrot in Milch geweicht und dann wieder ausgedrückt. Hiernächst schlägt man das Gelbe von zehn Eiern mit einem Viertelpfund Butter zum Schaum, rührt es mit den Stachelbeeren, mit dem Brote, mit dem Zucker und dem Canehl gut durch und lässt es im Rande garbacken.

134. Mandelküsse zu machen. Ein halb Pfund Mandeln und ein Viertelpfund Pistazien werden feingestoßen und mit süßem Rohm durch ein Haartuch gerieben. Darauf schlägt man das Gelbe von sechs und das Weiße von vier Eiern zum Schnee und rührt es mit dem obern nebst Zucker und Canehl gut durch. Endlich macht man davon die Torte von einem guten Krokandoteig und lässt es langsam garbacken.

135. Ein Schießkuchen. Man kocht zwei Maß Milch ab, tut Zitronensaft darein, dass sie käset, lässt es durch ein Haarsieb, dass die Molke oder

Wake ablaufe, und stößt den Käse darauf im Mörser mit einem Viertelpfund Butter und mit dem Gelben von 16 Eiern. Nach diesem kocht man ein wenig Äpfelbrei, dazu gibt man die abgeriebene Schale von zwei Orangen, abgeriebene Zitronenschalen, Weißbrot in Milch geweicht, Zucker und Caneel. Nun wird noch von sechs Eiern das Weiße zum Schnee geschlagen, alles endlich wohl durcheinander gerührt und auf einem Butterteige gargebacken.

136. Genever Torte von gebratenem Kapaun. Von dem Kapaun wird das Fleisch von den Brüsten abgeschnitten, feingehackt und im Mörser gestoßen. Darauf macht man eine Creme von ein wenig Mehl, von dem Gelben aus sechs Eiern, von Orangenschalen, Jus, Zitrone, Zucker und Muskatblumen. Dies alles wird gut abgerührt und das Fleisch dazugetan. Nun macht man einen Teig von Mehl, von sechs Eierdottern, Gewürzen und einem Löffel voll Wein. Von diesem Teige und von der Creme werden kleine Pasteten gemacht, aus heißer Butter gebacken, mit Zucker bestreut und aufgetragen.

137. Ramizengens von Parmesankäse. 14 Lot Käse werden mit ebenso viel Butter, mit dem Gelben von acht Eiern und ein wenig Zucker im Mörser gestoßen. Dieses Gestoßene schmiert man eines Fingers dicke auf Oblaten und lässt es langsam garbacken.

Statt der Oblaten kann man auch Scheiben von Weißbrot nehmen.

138. Ramizengens in Butter ausgebacken. Ein Orth oder ein Viertelmaß Milch wird mit ein wenig Butter aufgekocht, dann wird Mehl darein gerührt, dass es ein dicker Brei wird, und nun abgesetzt. Darauf werden zehn bis zwölf Eier mit einem halben Pfunde Parmesankäse darein gerührt. Ist das geschehen; so sticht man mit einem Löffel kleine Klümpchen ab, lässt sie in Butter ausbacken und bestreut sie mit Zucker.

139. Zensingkuchen. Dazu nimmt man zwölf Lot süße Mandeln und stößt sie fein mit süßem Rohme. Ferner stößt man auch zwölf Lot Pistazien fein und rührt ein Viertelpfund Butter mit dem Gelben von zehn Eiern zum Schaum. Dies alles wird nun wohl durcheinander gerührt mit noch einem halben Pfund Biskuit, mit Zitronenschalen, Caneel und Zucker. Es wird hiernächst in einer Forme gargebacken, auf eine Schüssel gelegt und Wein mit Zucker, Canehl und Zitrone darüber gegossen. Man lässt es so eine halbe Stunde stehen, dass der Wein einziehe, bestreut es alsdann mit Zucker und gibt es zur Tafel.

140. Eine Schlangentorte. Man macht einen Zuckerteig, rollt ihn länglich aus, füllt ihn mit Äpfelbrei oder Creme, legt ihn zusammen, gibt ihm die Form einer Schlange mit einem Kopfe und Schwanze, lässt es langsam garbacken und überzieht es mit einem Glaszucker.

141. Rullers von Krebsen. Wenn die Krebse im Wasser und Salz abgekocht sind; so werden die Schalen abgenommen und zur Krebsbutter gestoßen. Die Schwänze aber werden fein gehackt. Darauf macht man einen guten Butterteig, rollt diesen aus, bestreut ihn mit den gehackten Krebsen und bestreicht es mit der Krebsbutter. Nun wird er zweier Finger breit und einer Hand lang geschnitten, aufgerollt, mit Krebsbutter bestrichen und gargebacken.

142. Tortlettchens. Man rühre ein Pfund abgeklärte Butter mit dem Gelben von sechs Eiern zum Schaum. Dazu rühre man zwölf Lot Zucker, ein halb Pfund Mehl, Gewürze, Zitronenschalen und den Schnee vom geschlagenen Eiweiß. Es wird in kleinen Formen nunmehr getan und so gargebacken.

143. Tortlettchens von Eingemachtem. Man macht einen guten Butterteig, rollt ihn aus und schneidet ihn in dünne Scheiben. Diese Scheiben legt man in die kleine Tortlettchensforme, füllt sie mit eingesetzten Johannisbeeren oder Kirschen, macht einen bunten Teig wieder darüber, lässt sie garbacken und bestreut sie mit Zucker.

144. Tortlettchens von Äpfeln und andern Früchten. Es wird ein Butterteig dünne ausgerollt und mit einem Glase abgestochen. Darauf bestreicht man das untere Stückchen mit Eiern, legt, einer wälschen Nuss groß, Äpfelbrei oder Zwetschgenmus oder Brunellen oder Himbeeren oder sonst etwas darauf, macht einen Deckel darüber, schneidet ihn bunt aus, lässt es garbacken und bestreut es mit Zucker.

145. Tortlettchens von Kaffee und Milch. Man kocht sechs Lot Kaffee mit Milch. Darauf wird er abgeklart und mit sechs oder acht Eierdottern,

mit Zucker und Canehl abgerührt. Nun legt man in eine kleine Tortenpfanne einen Butterteig, tut den Kaffeecreme darauf, legt einen Deckel
darauf, lässt es garbacken und bestreut es mit Zucker.

146. Englisches Milchgebackenes. Man rühre dazu zwölf Eier mit
einem halben Maße Rohm, Zucker, Canehl und Zitronenschalen durcheinander. Darauf richte man einen guten Butterteig zu, lege diesen ausgerollt in Pfännchen, tue das Gerührte hinein, mache einen bunten Deckel
darüber, lasse es garbacken, bestreue es mit Zucker und gebe es zur Tafel.

147. Ein englischer Butterteig. Zehn Eier schwer Butter, ebenso viel
Zucker und gut Mehl wird abgewogen, das Gelbe aus den zehn Eiern wird
zum Schaum gerührt und dazu gibt man dann etwas Gewürze, den Zucker
und geriebene Zitronenschale. Das Weiße aus den Eiern schlägt man darauf auch zum Schnee, rührt es zu dem Erstern und rührt zuletzt auch das
Mehl mit durch. Man tut es endlich in eine Form und lässt es zwar langsam
garbacken, aber doch lange, damit der Kuchen recht gar werde.

148. Biskuitspäne. Das Weiße von sechs Eiern wird zum Schnee geschlagen. Darauf schlägt man es mit einem halben Pfund geriebenem
Zucker, mit etwas Zitronenschale, etwas Canehl und mit einem halben
Pfunde Mehl durch. Nun nimmt man eine Kupferplatte, beschmiert sie
mit weißem Wachs, schmiert die Masse ganz dünne darauf und lässt es
im Ofen gelbbraun backen. Es wird dann geschwinde abgeschnitten, aufgerollt und mit Zucker bestreuet.

149. Noch ein Biskuit. Ein halb Pfund Butter wird mit dem Gelben aus
13 Eiern und noch zwei ganzen Eiern stark zum Schaum gerührt. Dazu tut
man ferner noch das Gelbe und den Saft von einer Zitrone. Das Eiweiß
wird nun zum Schnee geschlagen und auch dazu gerührt. Zuletzt gibt man
noch ein halb Pfund fein Mehl oder Stärke dazu und lässt es langsam im
Ofen garbacken.

150. Ein Zitronenkuchen. Man klärt ein halb Pfund Butter ab und
rührt sie mit 20 Eierdottern zum Rührei auf dem Feuer ab. Darauf reibt
man vier Zitronen auf einem halben Pfunde Zucker ab und rührt es nebst
dem Safte aus den Zitronen eine halbe Stunde zu dem Rührei. Zuletzt wird

auch das Eiweiß zum Schnee geschlagen, dazu gerührt und im Butterteige langsam gargebacken.

151. Kleines Buttergebäcke. Man macht einen Teig von drei Eiern, von vier Lot Zucker, von acht Lot Butter, Gewürzen und Mehl, rollt ihn aus, schneidet allerlei davon aus und lässt es in Butter ausbacken. Man bestreut es mit Zucker.

152. Biskuitkuchen zu backen. Man tut ein Pfund Zucker, die geriebene Schale von zwei Zitronen, den Saft von einer Zitrone, zwei ganze Eier und 28 Eierdotter in einen Topf und schlägt es eine halbe Stunde zum Schaum. Das Weiße von den Eiern wird zum Schnee gerührt und nebst einem Pfunde Mehl langsam dazugegeben und durchgerührt. So wird es hierauf im Ofen gebacken.

153. Ein Brotkuchen. Der Brotkuchen wird auf dieselbe Art gemacht wie der vorige Biskuitkuchen. Zu einem halben Pfunde ausgedrücktem Brot gehören drei Viertelpfund Zucker, 21 Eier, etwas Gewürze, ein wenig Franzbranntwein, ein wenig Zitronensaft und ein Viertelpfund süße Mandeln.

154. Noch ein Biskuitkuchen. Zu einem Pfund Zucker nimmt man 26 Eierdotter, vier ganze Eier und die Schale und den Saft von zwei Zitronen. Dies alles wird gut zusammengerührt, dass es schäumt. Darauf schlägt man das Weiße von den Eiern zum Schnee und rührt diesen mit dem Ersten und mit einem Pfunde Mehl so durch, dass der Schnee nicht fällt. Endlich wird es im Ofen langsam gargebacken.

Anmerk. Der Brotkuchen wird eben wieder auf die Art gebacken. Man braucht dazu noch ein Viertelpfund Brot und ein Viertelpfund Mandeln.

155. Karlsbader Kolatschen. Man macht einen Teig von drei Viertelpfund Mehl, einem halben Pfund Butter, zwei Löffel voll Milch, Gest, von fünf Eiern das Gelbe, Rosinen, Zucker und Gewürzen, macht davon runde Kuchen, lässt die aufgehen und im Ofen langsam garbacken. Sie werden hernach mit Butter bestrichen und mit Zucker bestreut.

156. Kanapees von Parmesankäse. Man schneidet eines kleinen Fingers dicke und lange Semmelscheiben. Darauf klärt man ein Viertelpfund gute Butter ab, rührt sie beständig durch, und wenn sie kalt ist; so schlägt man vier Eier einzeln dazu und schlägt sie damit zum Schaum. Dazu rührt man hiernächst ein Viertelpfund Parmesankäse, der vorher fein gerieben wurde, Muskatblumen und fein geriebene Semmel. Ist dies soweit fertig; so tut man Rohm oder Schmand auf eine Schüssel, kehrt die Semmelscheiben darinnen um, schmiert das oben angerührte mit einem Messer fingersdicke darauf, bestreicht ein Papier dicke mit Butter, legt es in eine Tortenpfanne, tut die Scheiben darauf, bestreut sie mit ein wenig fein geriebener Semmel, gibt über und unter die Pfanne Feuer und lässt sie unten und oben gelbbraun garbacken. Sie werden warm zur Tafel gegeben.

157. Eine Schwarzbrottorte mit Mandeln. Man trocknet Schwarzbrot im Backofen oder auf dem Roste ganz hart aus, stößt es im Mörser ganz fein und siebt es so lange durch, bis man acht Lot hat, die man zu dieser Torte gebraucht. Nun wird ein halb Pfund süße Mandeln gereiniget und mit einem Ei ganz fein gestoßen. Man tut alsdann den vierten Teil eines Brots in eine Kasserolle und rührt es mit gestoßenen Nelken, Canehl, Muskatblumen und mit vier ganzen Eiern durch. Dazu rührt man erst sechs Eierdotter und dann wieder sechs und so fort, bis es 18 bis 20 Stück sind. Ist dies gut durchgerührt; so schlägt man drei Viertelpfund feinen, gesiebten Zucker damit, immer nach demselben Wege, so lange durch, bis die Masse aufgeht oder schäumt. Nun nimmt man die Schale von eine abgeriebenen Zitrone, hackt sie fein und rührt auch diese dazu. Das Weiße von den Eiern wird darauf zum Schnee geschlagen und nach und nach auch zur Masse gerührt. Endlich gibt man das übrige Brot dazu und rührt es durch. Nun bestreicht man die Forme mit Butter, bestreut sie mit Semmel, tut das Eingerührte darein, gibt unten und oben Feuer und lässt es so langsam garbacken. Die Torte muss hellbraune Couleur haben, alsdann wird sie auf Papier umgekehrt und beim Anrichten mit Zucker bestreut.

158. Eine Schwarzbrottorte auf eine andere Art. Dazu nimmt man zwölf Lot fein gesiebtes Schwarzbrot. Zehn Lot tut man in eine Kasserolle mit fein gestoßenen Nelken, Muskatblumen, Canehl und mit feingehackter Schale von einer fein abgeriebenen Zitrone. Dies mengt man mit einem hölzernen Löffel durch und rührt es mit einem Glase Franzbranntwein so ab, dass keine Klümpchen darinnen bleiben. Dazu gibt man drei ganze

Eier und sechs Eierdotter und rührt es durch. Ist es soweit geschehen; so tut man ein halb Pfund fein gesiebten Zucker und noch Eierdotter dazu und rührt es wieder ab. So rührt man immer mehr Eierdotter nach und nach dazu, bis es 18 bis 20 Stück sind. Sollte die Masse noch zu dicke sein; so werden noch mehr Eier dazu geschlagen. Man probiert es dann aber nach der Süßigkeit und tut nach Gutbefinden noch etwas Zucker dazu. Nun wird alles miteinander so lange durchgerührt, bis es steigt. Endlich wird auch Eiweiß zum Schnee geschlagen und mit dem ersten durchgerührt. Nun wird die Form mit Butter bestrichen, mit Semmel bestreut und die Masse darein getan. Darauf wird es in einem mäßig gehitzten Backofen gebacken oder in der Tortenpfanne, der man von unten mehr, von oben weniger Feuer gibt, und es so gar und hellbraune werden lässt. Man kehrt es auf Papier um und bestreut es mit Zucker.

159. Savoischen Biskuit zu backen. Man tut ein Pfund fein Mehl in eine reine eiserne Pfanne und rührt es auf dem Feuer, bis es hellbraun wird. Darauf tut man es auf einen Bogen Papier, dass es kalt werde, und stößt es durch ein Sieb. Alsdann rührt man 16 Eierdotter mit einem Pfunde durchgesiebten Zucker eine halbe Stunde durch. Die fein abgeriebene Schale von einer Zitrone wird dann gehackt und auch dazwischen gerührt. Ist das geschehen; so schlägt man das Eiweiß zum Schnee, tut es zum Ersten, rührt es damit durch und rührt zuletzt auch das braune Mehl dazu. Die Forme wird nun mit Butter bestrichen, mit Semmel bestreut und die Masse darein gegeben. Es muss in der Tortenpfanne gebacken werden. Erst gibt man unten mehr und oben ganz wenig Feuer. Ist die Forme aber voll; so wird es hernach mit gleichem Feuer langsam und hellbraun gargebacken. Man kehrt es auf Papier um und bestreut es mit Zucker. Zu diesem Biskuitkuchen kann man auch wohl ein Lot bittere fein gestoßene Mandeln nehmen. Sie geben dem Kuchen einen guten Geschmack.

160. Leichten französischen Biskuitkuchen zu backen. Von zwölf Eiern wird hier das Weiße so lange zum Schnee geschlagen, bis derselbe gut steht; nun tut man die Dotter auch dazu, mit 14 Lot feingesiebtem Zucker und mit einer auf Zucker abgeriebenen Zitrone. Das alles rührt man durch und lässt es so lange stehen, bis sich der Zucker in den Eiern aufgelöset hat. Ist das erfolgt; so setzt man es in einer Kasserolle auf das Feuer, rührt es beständig durch und zieht es in die Höhe, bis man sieht, dass es rund werde. Wird es das; so setzt man es ab, schlägt es kalt und rührt noch sieben Lot fein Mehl darein. Nun bestreicht man die Forme mit Butter, bestreut sie mit Semmel, gibt die Masse in dieselbe und lässt es so wie das vorherige langsam garbacken.

161. Carne Madeleine. Man nimmt sechs Eier schwer Butter und ebenso viel Mehl und Zucker dazu. Die Butter wird abgeklärt, ist zu viel Salz darunter; so nimmt man etwas mehr. In die abgeklärte Butter schlägt man sechs Eier, eins nach dem andern, und rührt es mit dem Zucker bis zum Schaum. Dazu rührt man noch feingehackte Zitronenschale und etwas feingestoßenen Kümmel. Diese Masse tut man in kleine Pastetenförmchen und lässt es langsam von unten und oben garbacken. Wenn es hellbraune ist; so werden die Förmchen umgekehrt und das Gebäck wird beim Anrichten mit Zucker bestreut.

Drittes Stück

Verschiedene Kompotts

1. Kompott von Johannisbeeren. Die Johannisbeeren müssen abgepflückt und mit Zucker auf ein kleines Feuer gesetzt werden. Sind sie durchgekocht; so werden sie mit einem Schaumlöffel wieder herausgenommen, und der Saft wird mit viel Zucker ganz dicke wie Sirup gekocht und über die Johannisbeeren mit gestoßenem Canehl und Zucker gegeben.

2. Kompott von Kirschen. Man nimmt saure Kirschen, macht die Steine heraus und kocht sie mit viel Zucker, Canehl und Zitronenschalen durch. Die Kirschen nimmt man alsdann heraus, kocht wie oben den Saft dicke wie Sirup und gießt ihn wieder über die Kirschen.

3. Kompott von Aprikosen. Wenn die Aprikosen geschälet sind; so kocht man ein halb Pfund Zucker und schäumt ihn ab. Darein werden die

173

Aprikosen gelegt und im Zucker gargekocht, sodass sie ganz bleiben, und dann angerichtet.

4. Kompott von Stachelbeeren zu einer Assiette. Die Stachelbeeren müssen zweimal in kochend Wasser gelegt werden, damit die Säure herausziehe. Dann werden sie mit ein halb Pfund Zucker, ein wenig Wein, Canehl und Zitronenschalen durchgekocht, so aber, dass sie nicht breiig werden, und angerichtet.

5. Kompott von Quitten. Die Quitten werden geschält, geviertelt und im Wasser gargekocht. Darauf kocht man ein halb Pfund Zucker mit Wein, Canehl und Zitronenschale zum Sirup. Darein werden die Quitten gelegt und so durchgekocht, dass sie ganz bleiben, und angerichtet.

6. Kompott von Äpfeln. Man nimmt saure Äpfel, schneidet sie in zwei Teile, nimmt das Kernhaus heraus und kocht sie im Wasser mit Zucker ab. Hierauf kocht man ein halb Pfund Zucker dicke und kehrt die halben Äpfel stückweise in dem Zucker um, sodass der Zucker auf der Schale hängen bleibt, und legt sie auf die Schüssel.

7. Kompott von Borsdorfer Äpfeln. Die Äpfel werden geschält und inwendig die Kernhäuser herausgenommen. Sie werden dann in einem halben Pfund Zucker, Wein, Canehl und Zitronenschalen so gargekocht, dass sie ganz bleiben, auf eine Schüssel angerichtet und Zucker darüber gerieben.

8. Kompott von Birnen oder Äpfeln. Man nimmt geschälte Äpfel oder Birnen und kocht sie mit einem Viertelpfund Zucker und Wasser, dass sie rot werden, aber ganz bleiben. Den Zucker muss man aber vorher in der Kasserolle braun werden lassen. Man rührt sie mit Fluor für etliche Egr.

9. Kompott von frischen Zwetschgen. Die Zwetschgen müssen geschält und die Steine herausgenommen werden. Dann kocht man ein halb Pfund Zucker zu Sirup und kocht die Zwetschgen darin, sodass sie ganz bleiben. Darauf werden sie wieder mit einer Schaumkelle herausgenommen, auf die Schüssel gelegt und der gekochte Zucker wird darüber gegeben.

10. Kompott von Brunellen. Die Brunellen werden mit Zucker, Wein, Canehl und Zitronenschalen gargekocht, so wie auch ein Kompott von trocknen Zwetschgen.

11. Kompott von Hagebutten. Die trocknen Hagebutten müssen mit Wein, Zucker und Canehl gargekocht werden.

12. Kompott von Melonen. Die reifen Melonen müssen geschält, in Stücke geschnitten und so im Wasser gekocht werden, dass sie ganz bleiben. Darauf kocht man ein halb Pfund Zucker, Wein und Canehl zu Sirup. Die Melonen werden mit diesem Sirup durchgekocht und dann angerichtet.

13. Kompott von bittern Orangen. Die Orangen müssen in der Mitte durchgeschnitten und im Wasser gargekocht werden. Dann kocht man Zucker zu Sirup, gibt ihn über die Orangen und richtet an.

14. Kompott von Himbeeren. Man kocht Zucker mit Wein, Canehl und Zitronenschalen dicke, tut die Himbeeren hinzu, lässt sie auf dem Feuer einmal aufstoßen und richtet sie an.

15. Kompott von Erdbeeren. Zuerst muss man ein halb Pfund Zucker klarkochen, dann tut man die Erdbeeren darein und lässt sie so aufkochen, dass sie ganz bleiben. Darauf werden sie mit einem Schaumlöffel wieder herausgenommen und auf die Schüssel gelegt. Dann lässt man den Zucker dicke kochen und gießt ihn darüber.

16. Kompott von Johannisbeeren mit geröstetem Brot. Das geröstete Brot wird auf die Schüssel gelegt, darauf wird das Kompott, was mit Zucker gekocht ist, darüber angerichtet und mit Canehl und Zucker bestreuet.

17. Kompott von Bückbeeren oder Heidelbeeren. Die Beeren werden mit einem halben Pfund Zucker so gekocht, dass sie ganz bleiben. Dann werden sie mit einem Schaumlöffel herausgenommen, der Saft aber wird dicke gekocht und darüber gegossen.

18. Kompott von Erdbeeren andrer Art. Man nimmt den vierten Teil der Beeren, reibt Zucker auf Zitronenschalen ab und rührt diesen mit den

Beeren und noch ein Viertelpfund Zucker tüchtig durch, sodass es dicke wird wie Creme. Darauf rührt man die übrigen Erdbeeren mit etwas fein gestoßenem Canehl darunter, sodass sie darinnen ganz bleiben.

Viertes Stück

Von eingesetzten Sachen

1. Grüne wälsche Nüsse einzumachen. Wenn die Nüsse wie Vogeleier groß sind; so müssen sie abgepflückt werden. Man gießt hierauf acht Tage hintereinander täglich zweimal rein Wasser darüber und lässt sie dann im Flusswasser nur eben aufkochen, dass sie weich werden. Nun lässt man sie kalt werden, trocknet sie ab und spickt sie mit ein wenig Nelken und Canehl. So schwer die Nüsse sind, so viel Zucker nimmt man nun, kocht ihn mit etwas Wasser und Eierweiß durch, schäumt es gut ab, lässt es klarkochen, wirft die Nüsse darein, lässt sie eben darinnen durchkochen, nimmt sie nun wieder heraus und tut sie in ein Konfektglas oder Topf. Den Zucker kocht man so lange nach, bis er dicke ist, und gießt ihn über die Nüsse. Wenn der Zucker nach acht oder vierzehn Tagen wieder dünne geworden ist; so nimmt man ihn ab, kocht ihn wieder dicke und gibt ihn darauf. Dann aber werden sie feste verbunden und gut verwahrt. Bisweilen sieht man danach und schüttelt es um.

2. Grüne Zwetschgen einzumachen. Wenn die Zwetschgen ihre halbe Größe haben; so werden sie gebrochen und einmal in Wasser gelegt. So schwer die Zwetschgen sind, soviel Zucker nimmt man, kocht ihn durch und schäumt ihn ab, dass er klar werde. Nun wirft man die Zwetschgen darein und lässt sie kochen, doch so, dass sie nicht weich werden, sondern härtlich bleiben. Darauf nimmt man sie aus dem Zucker, legt sie in ein Glas oder in einen Topf, lässt den Zucker aber erst noch dicke kochen, gießt ihn sodann auch darüber und macht es feste zu. Man muss öfters nachsehen, ob der Zucker auch noch dicke sei, ist er dünne; so muss er wieder dicke gekocht werden.

3. Saure Kirschen einzumachen. Man macht die Kerne heraus und nimmt alsdann so viel Zucker als die Kirschen schwer sind, kocht diesen mit etwas Wasser und Eierweiß durch, schäumt ihn ab, wirft die Kirschen hinein, lässt sie damit durchkochen und nimmt sie mit der Schaumkelle wieder heraus. Darauf lässt man den Zucker ganz dicke kochen, tut hernach die Kirschen wieder hinein, lässt sie wieder damit aufkochen und verwahrt sie in einem Glase oder Topfe. Sollte nach einiger Zeit der Zucker dünne werden; so wird er wie oben abgegossen, dicke gekocht und wieder darüber gegeben.

4. Johannisbeeren einzumachen. Die Johannisbeeren werden, gerade nach der vorhergehenden Vorschrift, wie die sauren Kirschen bereitet und eingesetzt.

5. Johannisbeersaft. Man muss von einem guten Teile Johannisbeeren den Saft auspressen. Darauf wiegt man auf drei Pfund Saft zwei Pfund Zucker ab, lässt es zusammen kochen, dass es ganz steif wird, lässt es kalt werden, gießt es in Gläser oder Töpfe und verwahrt es recht gut.

6. Quittensaft. Man schält Quittenbirnen oder Quittenäpfel, schneidet die Kernhäuser heraus, tut sie in einen Topf, gibt ein wenig Wasser darauf, dass sie weich werden, presst sie aus und wiegt so viel Zucker als Saft ab. Den Zucker kocht man mit ein wenig Wasser und Eierweiß durch, schäumt ihn sorgfältig ab, gießt nun den Saft dazu und rührt es so lange auf dem Feuer durch, bis dass es ganz dicke wird. Nun lässt man es kalt werden, schneidet es in Stücke und verwahrt es in einer Schachtel.

7. Quitten einzumachen. Die Quitten werden in vier Stücke geschnitten und die Kerne herausgenommen. Darauf lässt man sie im abgeklärten und abgeschäumten Zucker kochen, doch so, dass sie nicht zu weich werden. Man nimmt sie darauf wieder heraus, tut sie in ein Glas oder Topf, lässt den Zucker noch recht steif kochen, gießt ihn endlich darüber und verwahret es gut.

8. Stachelbeeren einzumachen. Wenn die Stachelbeeren halb ausgewachsen sind; so werden sie gepflückt und reine gemacht. Man mengt hernach ein wenig Salz darunter, tut sie in kleine Beutelchen, macht sie lose zu, legt Heu in einen Kessel, legt die Beutelchen darauf, gießt Wasser darüber und lässt es bis vor das Kochen auf dem Feuer. Denn setzt man den Kessel ab, lässt die Beutelchen darin stehen, bis es ganz kalt ist, nimmt sie endlich heraus, legt sie in einen Topf, verpicht sie recht feste, dass keine Luft daran kann, und verwahrt sie so.

9. Junge Erbsen und Bohnen einzusetzen. Die jungen Erbsen und Bohnen werden auf dieselbe Art wie die Stachelbeeren eingemacht. Sie können auch in der Sonne abgetrocknet werden und auf den Winter verwahrt werden.

Bohnen

10. Saure Kirschen in Essig einzumachen. Man schneidet die Stängel von den Kirschen halb ab, kocht Weinessig mit Nelken, Muskatblumen, Canehl und viel Zucker eine Viertelstunde gut durch und schäumt es brav ab. Nun tut man die Kirschen in ein Glas, lässt den Essig kalt werden, gießt ihn darüber, macht es feste zu und verwahrt es. Sollte der Zucker nach einigen Tagen dünne werden; so muss er abgenommen, wieder dicke gekocht und so darüber gegeben werden.

11. Salzgurken einzumachen. Die Gurken werden halbwüchsig, wenn es getaut hat, trocken abgepflückt, in reines Brunnenwasser gelegt, daraus recht reine gewaschen und abgetrocknet. Darauf nimmt man saure Kirschblätter, Dill und Lorbeerblätter, legt eine Schicht davon in ein reines Fass mit einem große Spunde, legt darauf eine Schicht Gurken, dann wieder eine Schicht Blätter und wieder Gurken, und das wechselweise fort, bis es alle ist. Darauf streut man für drei mgr. gestoßenen Salpeter und macht eine Pökel darüber von Brunnenwasser und Salz. Das Wasser und Salz wird

179

nämlich abgekocht und abgeschäumt. Die Pökel muss so stark sein, dass sie ein Ei hält. Man lässt sie überschlagen und gießt es über die Gurken, dass es übersteht. Das Fass wird zugeschlagen, einige Mal umgekehrt und immer noch umgeschüttelt. Haben sie vier Wochen gelegen; so kann man sie essen. Sie werden mit einem reinen silbernen Löffel herausgenommen.

12. Essiggurken einzumachen. Man nimmt ganz kleine Gurken, macht sie rein, legt sie in ein Geschirre, wirft eine Handvoll Salz darauf, lässt sie eine Nacht liegen und trocknet sie wieder ab. Darauf kocht man Bieressig auf und legt die Gurken darein. Das wird dreimal wiederholt. Darauf kocht man Weinessig ab, lässt ihn kalt werden, legt die Gurken in einen Topf, schichtweise mit Weintraubenblättern, Nelken, Pfeffer, Muskatblumen und Kirschblättern, gießt den Essig darauf und macht es feste zu.

13. Champignons einzumachen. Nimm junge Champignons, die noch geschlossen oder zu sind und putze sie rein ab. Darauf koche Weinessig auf mit ein wenig Salz und Gewürzen, lege sie darein und lass sie einkochen, tue sie nun in ein Glas und mache sie feste zu.

Champignon

14. Champignons in Butter zu verwahren. Die Champignons müssen hier auch jung sein. Sind sie nun recht reine abgewaschen worden; so klärt man Butter ab und tut die Champignons darein mit Gewürzen und Salz. Man lässt nun das Wasser in der Butter daraus kochen, tut sie in ein Glas oder in einen Topf und bindet sie feste zu. Man kann sie nach Bedürfnis zu Ragouts und auch zu Frikassees gebrauchen.

15. Pulver von Champignons. Man nimmt einen Teil Champignons, hackt sie klein mit Austern, Zitronenschalen, Gewürzen und Zwieback und trocknet es zusammen im Backofen aus. Wenn es ganz trocken ist; so stößt man es im Mörser recht fein, sichtet es durch ein Sieb und verwahrt das Pulver in einem Glase. Man kann es zu allerlei Speisen und Saucen gebrauchen.

16. Champignons aufzutrocknen. Man wäscht die Schwämme ganz rein ab, zieht sie auf einen Faden und lässt sie in der Sonne oder langsam im Backofen trocken werden.

17. Melonen einzumachen. Man nehme recht reife und schöne Melonen, schäle sie ab und schneide sie in Stücke. Darauf gieße man guten Weinessig, trockne sie wieder ab und lege sie auf ein Tuch. Ist das geschehen; so klärt man Zucker ab und lässt die Melonen damit so durchkochen, dass sie nicht zu weich werden. Nun nimmt man sie mit der Schaumkelle heraus und legt sie in einen Topf. Den Zucker lässt man alleine noch ganz dicke kochen, gibt ihn hierauf auch in den Topf über die Melonen und macht es feste zu.

18. Pomeranzenschalen einzumachen. Man schneidet die Pomeranzen in vier Stücke, schneidet das Weiße heraus, legt sie sechs bis acht Tage in frisches Wasser, kocht sie hernach im Wasser ein wenig weich und lässt sie wieder trocken werden. Darauf werden sie mit Zucker noch einmal durchgekocht, in Gläser getan, mit dem dickgekochten Zucker übergossen und gut verwahrt.

19. Zitronen einzumachen. Diese werden geradeso eingemacht wie der Saft von allerlei Früchten, als Johannisbeeren, Kirschen, Himbeeren, Äpfel, Birnen, Maulbeeren usw. Man presst den Saft heraus, klärt es ab und kocht es mit reinem Zucker dicke zum Sirup. Zu drei Pfund Saft gehört zwei Pfund Zucker.

20. Reife Pflaumen einzumachen. Wenn die Pflaumen reif sind; so schält man sie, nimmt die Kerne heraus, legt sie in einen Topf, gießt dickgekochten Zucker darüber, deckt sie zu und verwahrt sie.

21. Eine Reisebouillon zu machen. Man nimmt sechs alte Hühner, 20 Pfund mager Rindfleisch, zehn Pfund Hammelfleisch, 20 Pfund Kalbfleisch, wäscht es alles recht rein ab, lässt es gut kochen mit ein wenig

Gewürzen und Lorbeerblättern und schäumt es hübsch ab. Darauf koche man es ganz kleine und gieße es durch ein Haarsieb in einen guten zinnern Kessel, darinnen koche man die Fleischbrühe ganz dicke und rühre es mit einem Löffel, dass es nicht anbrenne. Darauf nimmt man die Bouillon aus dem Kessel und trocknet sie langsam in der Sonne oder im Backofen. Wenn es recht trocken ist; so verwahrt man es in einem guten Geschirre. Es hält sich einige Jahre und ist sehr gut auf Reisen und im Felde. Eine Portion wie ein Taubenei groß macht eine Suppe schon sehr kräftig. Auch an Ragouts ist es gut zu gebrauchen, mit einer gelben Sauce von Zitronen, Austern und von dem Wasser, das in den Schalen ist.

22. Pflaumen in Essig einzumachen. Wenn die Pflaumen recht reif sind; so bricht man sie ab, sticht sie mit einer Nadel und legt sie in einen neuen Topf. Nun nimmt man zu fünf Schock Zwetschgen oder Pflaumen ungefähr drei Pfund Zucker, ein Maß Weinessig, ein Lot Canehl und ein Lot Nelken, lässt es zusammen etwas lange kochen und schäumt es gut ab. Ist das genüglich geschehen; so lässt man es kalt werden und gießt es über die Pflaumen. Wenn sie so acht Tage gestanden haben; so gießt man den Sirup wieder ab, lässt ihn stark durchkochen und wieder kalt werden. Nun setzt man den Kessel mit dem Sirup auf Kohlen, tut die Pflaumen dazu und lässt es zusammen aufstoßen. Wenn die Pflaumen oder Zwetschgen etwas bersten oder aufspringen wollen; so nimmt man sie ab, lässt sie kalt werden, legt sie in einen steinern Topf, gibt den Sirup darauf und verwahrt es so.

23. Austern einzumachen. Die Austern werden erst blanchiert, darauf werden sie mit spanischem Weine, etwas Wasser und Gewürzen ausgezogen und gereiniget. Man tut sie alsdann in ein Glas, gibt die Sauce darüber, gießt geschmolzenen Talg darauf und setzt sie an einen kühlen Ort.

24. Austerpulver zu machen. Man nimmt 200 Austern, macht sie reine, mengt sie mit Muskatblumen, Zwieback und Zitronenschalen durch, trocknet dieses im Backofen harte ab, sichtet es durch und verwahrt es in einem Glase. Dies Pulver braucht man zu Ragouts.

25. Blumenkohl einzumachen. Der Blumenkohl wird erst abgelesen, ausgeputzt und sauber abgewaschen. Darauf kocht man Wasser mit Salz auf, gibt den Kohl darein und lässt ihn nicht halbgar kochen. Nun nimmt man den Kohl heraus, legt ihn auf Tücher, lässt ihn kalt werden und setzt ihn ein. Darauf legt man ihn, Stück bei Stück, in einen irdenen Topf, bedeckt ihn mit einem Tuche, legt darauf ein rundes Brett und beschwert es mit einem Steine. Bei dem Gebrauch muss er ebenso wie die Erbsen gekocht und ausgewässert werden. Die Sauce dazu macht man von einem Stück Butter. Diese lässt man in einer Kasserolle schwitzen; gibt ein bisschen Mehl dazu, rührt es auf dem Feuer durch, gießt die Bouillon mit Muskatblumen daran, lässt es aufkochen, gibt den Blumenkohl dazu, lässt es noch ein wenig kochen und hält es bis zum Anrichten warm.

Blumenkohl

26. Spargel einzumachen. Der Spargel wird auf dieselbe Art wie der Blumenkohl eingemacht, nur dass man ihn in Bündchen binden muss.

27. Grüne Petersilie zum Gebrauch im Winter. Man pflückt im Herbste viel Petersilie, aber die jüngste, wäscht sie sauber ab, lässt das Wasser durch einen Durchschlag reine ablaufen und hackt sie darauf ganz fein. Ist das geschehen; so schmelzt man Butter, lässt sie ein wenig braten, klärt sie ab, tut sie in einen Topf und rührt die Petersilie darein, dass die Butter davon ganz steif wird. Ist die Butter kalt; so bindet man den Topf zu und sticht die im Winter mit einem Löffel zum Gebrauch aus.

28. Gurkensalat aufzubewahren. Die Gurken werden geschält, gewaschen, in dünne Scheiben geschnitten, mit Salz bestreut und dann in einen steinern Topf getan. Wenn es gestanden hat; so legt man eine Handvoll Petersilie darüber und bedeckt es mit der eignen Sauce. Darauf schmelzt man Rindertalg, begießt es damit, lässt es kalt werden und verwahrt den Topf so im Keller bis in den Winter. Will man sie gebrauchen; so nimmt man des Fett ab, tut die Gurken in ein Geschirre, gibt ein wenig kalt Wasser darauf, gießt sie damit auf ein Sieb, tut sie wieder auf den Teller und gibt etwas Essig, feingehackte Petersilie, Baumöl und etwas Pfeffer darauf. Auch ein wenig feingehackte Zwiebeln kann man dazu tun.

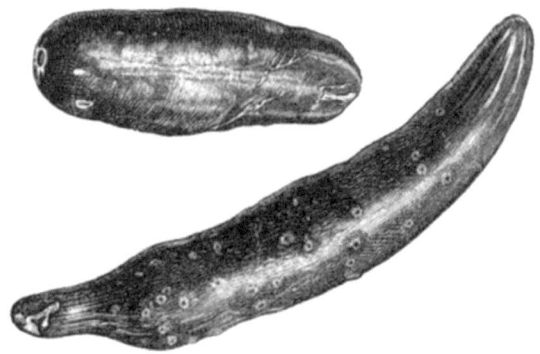

Gurke

29. Gurkensalat zu bewahren auf andere Art. Hier verfährt man mit den Gurken geradeso wie vorher. Statt des Talges aber nimmt man Baumöl. Die Petersilie bleibt weg. Übrigens hat man sich vorzusehen, dass die Gurken nicht zu viel Salz kriegen.

30. Zuckererbsen einzusetzen. Man nimmt dazu gerne eine besondere kleine Sorte. Sobald man sieht, dass kleine Erbsen darein kommen; so werden sie gepflückt, abgezogen und in der Mitte durchgeschnitten. Darauf werden sie mit Salz in kochendes Wasser getan, man lässt sie nicht völlig halbgar kochen und gibt sie dann auf einen Durchschlag. Man streut hierauf die Erbsen auf reinen Tüchern dünne aus, lässt sie kalt werden, streut dann Salz darüber, mengt sie durch, tut sie in einen irdenen Topf, legt ein rundes Brett darauf, beschwert es und lässt es so eine Nacht stehen. Am andern Tage nimmt man das Gewichte und das Brett ab, gibt ein paar gute Handvoll reingewaschene Petersilie auf die Erbsen, legt ein reines Tuch darüber, setzt den runden, hölzernen Teller mit dem Gewicht wieder darauf und verwahrt es so bis zum Gebrauch.

Will man sie gebrauchen; so werden sie folgenderweise präpariert. Man nimmt die Erbsen aus dem Topfe in ein anderes Geschirre, kocht Wasser auf und gibt sie darein. Sind sie darinnen gargekocht; so gießt man sie durch. Nun tut man sie wieder in heiß Wasser, damit alles Salz ausziehe. Dazu macht man endlich die Sauce. Man schwitzt ein gut Stück Butter in eine Kasserolle, gibt ein wenig fein Mehl dazu mit guter Fleischbrühe, Zucker und feingehackter Petersilie und lässt es kochen. Nun tut man die Erbsen darein, lässt sie damit aufkochen und warm stehen bis zum Anrichten.

Fünftes Stück

Von gefrornen Sachen

1. Vorbereitungsregel, wie das Gefrorne anzusetzen sei. Erst muss das Eis ganz kleine geklopft werden. Darauf setzt man die Büchse, worinnen das Gefrorne soll gemacht werden, in einen Eimer, belegt sie rundherum mit Eis und Salz und setzt sie darinnen ganz feste. Nun wird die Masse erst gerührt, und wenn es sich angesetzt hat; so wird es wieder tüchtig durchgerührt. Ist es endlich ganz steif gefroren wie harte Butter; so wird es in Gläsern oder Formen zur Tafel gegeben. Es muss aber stark gerührt werden, dass keine Eisklümpchen dazwischen bleiben.

2. Gefrornes von grobem Schwarzbrote. Zu einer kleinen Portion nimmt man acht Eier, schlägt das Weiße davon erst zum Schaum und rührt das Gelbe alsdann auch dazu. Darauf nimmt man einen Orth Milch und Rohm, schlägt es durch, stößt ein wenig Vanille mit ein wenig Zucker ganz fein, bindet es in Leinen, tut es mit einem Stück Zucker zu den Obigen, setzt es zusammen auf das Feuer, schlägt es immer gut durch und lässt es so lange kochen, bis es gar ist. Man setzt es alsdann ab und lässt es kalt werden. Dazu tut man zwei Handvoll getrocknetes, gestoßenes und durchgesiebtes Schwarzbrot, rührt es durch die Creme und lässt es endlich frieren. Das aber geschieht nach der oben angezeigten ersten Regel in einer zinnernen Büchse. Wenn es sich ansetzet; so muss es gut durchgerührt werden, damit keine Eisklümpchen darinnen bleiben. Entweder in Formen oder in Gläsern wird es aufgetragen.

3. Gefrornes von Schokolade. Man reibt die Schokolade und weicht dieselbe einige Stunden vorher in Wasser ein. Nun rührt man es durch, bis es recht fein ist, tut das gehörige Wasser und so viel Zucker dazu, bis es süße genug ist, setzt es auf das Feuer und rührt es durch, bis vor das Kochen. Nun nimmt man's ab, lässt es kalt werden und nach der ersten Regel frieren.

Anmerk. Die Creme kann auch von Milch, Eierdottern und Canehl gemacht werden, so wie eine andere Schokoladen-Creme.

4. Gefrornes von Zitronen. Sechs Zitronen reibt man auf Zucker ab, gibt einen halben Orth Wein nebst dem Zitronensafte und so viel Zucker dazu, bis es süße genug ist, und sichtet es durch ein Haarsieb. Ist das eingerichtet; so lässt man es wieder nach der ersten Regel frieren.

Anmerk. Anstatt der Zitronen kann man auch Orangen oder Johannisbeersaft nebst Himbeersaft nehmen. Man lässt es durch ein Sieb, reibt etwas Zitronenschale auf Zucker ab, tut es dazu und schlägt es damit durch.

5. Gefrornes von Äpfeln. Man nimmt sechs bis sieben Äpfel zu einem halben Orth Wein, lässt sie weich werden mit Canehl, Zitronenschale und Zucker, gibt es durch ein Haarsieb und lässt es frieren.

6. Gefrornes von Punsch und Bischof. Man macht einen guten Punsch oder Bischof und lässt es nach der ersten Vorbereitungsregel dieses Stückes frieren.

7. Gefrornes von Milch. Ein Maß gute Milch oder Rohm lässt man mit einem halben Stück Vanille, mit ein wenig Zucker kleingestoßen, kochen. Dazu tut man das Gelbe von zehn Eiern, die vorher kleine gerührt wurden, und so viel Zucker, bis es süße genug ist, lässt es alsdann kalt werden, tut es in die Forme und lässt es nach der ersten Regel frieren.

8. Gefrornes auf andere Art. Man setzt ein Maß gute Milch mit etwas Kälberlaff einer Erbse groß und mit Zucker auf das Feuer, lässt die Milch bis vor das Kochen heiß werden, nimmt sie alsdann ab, lässt sie kalt werden und setzt sie nach der Vorschrift der ersten Regel auf das Eis, dass sie friere.

9. Zitronengefrornes in Zitronen. Man macht erst nach der vierten Regel Zitronengefrornes, schneidet alsdann von den Zitronen den Deckel ab, nimmt die Eingeweide heraus, tut das Gefrorne darein, deckt die Zitronen wieder zu und setzt sie so lange wieder auf das Eis, bis sie zur Tafel sollen gegeben werden.

10. Gefrornes von Kirschen. Ein Pfund gute Kirschen werden im Mörser kleine gestoßen und mit einem Maß gutem Weine, mit Zucker, Canehl und Zitronenschalen durchgekocht. Darauf gibt man es durch ein Haarsieb, lässt es dann wieder kochen, und wenn es schäumt; so gibt man es noch durch das Sieb, lässt es kalt werden und endlich nach der ersten Regel frieren.

Anmerk. Nach derselben Art kann man auch Gefrornes von Pfirsichen und Aprikosen machen.

Sechstes Stück

Von allerhand Würsten

1. Eine gute Rinderwurst zu machen. Man koche mager Rindfleisch ganz weich, nehme hierauf die Sehnen heraus und hacke es. Ist dies geschehen; so wird das Fleisch mit ausgebratenem Nierentalg nebst Salz, Thymian, Majoran und Gewürzen über Kohlen durchgearbeitet. Die Würste werden nun gefüllt, gekocht und frisch gebraucht.

2. Eine andere Art Rinderwürste. Auch hier nimmt man mager Rindfleisch, welches man kocht und feinhackt. Darauf wird ein Viertel so viel Weißbrot in Bouillon geweicht, worin das Fleisch vorher gekocht wurde, klein gerieben und zu dem gehackten Fleische getan. Dieses wird nun mit ausgeschmolzenem Nierentalg, Gewürzen, Thymian und Majoran auf Kohlen durchgearbeitet, in Darm gefüllt und gekocht.

Man kann auch anstatt der eingeweichten Brotes gekochte Gerstengrütze oder gargekochten Reis nehmen.

3. Noch eine andere Art Rinderwürste. Wenn das Fleisch gekocht und fein gehackt worden ist; so setze man es warm, arbeite es mit Nierentalg, geriebener Semmel, Korinthen, gehackten Zwiebeln und Gewürzen auf dem Feuer durch, fülle es in Darm, koche und esse es warm.

4. Eine gute Schweineknappwurst zu machen. Man nehme mager und fett Fleisch aus dem Bauche, wasche und schäume solches gut ab, koche es und hacke es fein. Darauf menge man dieses mit Salz, Gewürzen, Thymian und Majoran durch, drücke es durch die Spritze in Darm und lasse es aufschrumpfen. Man muss sich in Acht nehmen, dass sie weiß bleiben. Endlich werden sie geräuchert.

5. Blutwürste von Schweinen. Man schneidet halbgar gekochtes fettes Fleisch in Würfel, ebenso würfelt man das Herz und die Zunge. Das tut man zu dem Blute mit Salz, Gewürzen, Thymian, Majoran und zwei oder drei Handvoll fein Rokenmehl, arbeitet es wohl durcheinander und füllt es in den Darm, sodass er nur ungefähr halbvoll werde. Nun lässt man sie zwei oder drei Stunden langsam kochen und probiert sie mit einer Specknadel, wenn sie gar sind. Kommen sie trocken aus dem Kessel; so sind sie gar.

6. Blutwürste von Schafen. Man schneidet Schaftalg in Würfel und menget es zu dem Blute mit drei oder vier Handvoll Mehl, Gewürzen und Thymian. Damit wird das Gedärme zur Hälfte ausgefüllt und im Wasser gargekocht und dann auf dem Roste gebraten.

7. Leberwürste von Schweinen. Man drückt das Wasser aus der Leber und reibt sie durch einen Durchschlag. Darauf wird halbgar gekochtes fettes Schweinefleisch wie auch etwas mager Fleisch in Würfel geschnitten und alles mit Gewürzen und Thymian durcheinandergearbeitet. Es wird alsdann in weites Gedärme halbvoll gedrückt und zwei Stunden langsam gekocht.

Sie können auch geräuchert und so verwahrt werden.

8. Mettwürste zum frischen Gebrauch. Man schneidet das magere Mett in feine Würfel, tut ein Drittel so viel Fett dazu, arbeitet es mit Salz und Pfeffer durcheinander, füllt es in kleine Därme, hängt die Würste ein wenig in Rauch und kocht sie bei braunem Kohl.

9. Saucissenwürste. Man nehme mager Schweinefleisch, worinnen keine Sehnen sind, hacke es fein und menge es dann mit Zitronenschalen, Kardamom, ein wenig Rheinwein und Salz durcheinander. Dieses wird durch die Spritze in Schafdärme gefüllt und die Würste hernach in Wein verwahrt. Man kann sie gebraten oder auch mit brauner Sauce zur Tafel geben.

10. Sommerwürste zu machen. Man hacket mager Schweinefleisch ganz fein und schneidet zwei Handvoll Fett in Würfel, arbeitet es gut durcheinander mit Pfeffer, Salpeter und Salz. Ist das geschehen; so wird es in großes Gedärme feste gedrückt und mit der Specknadel eingestochen, dass kein Wind darinnen bleibe. Die Würste werden hierauf eine Nacht in die Pökel gelegt, dann wieder feste nachgedrückt und gebunden und halb

Wind, halb Rauch geräuchert, dass sie nicht hart werden. Sie werden hernach aus dem Rauche genommen und in einem steinern Topfe das ganze Jahr verwahret.

11. Andouillewürste von Kalbskaldaunen. Von einem fetten Kalbe werden die Kaldaunen recht rein gewaschen, wohl geschäumt und gargekocht. Darauf hackt man es fein, schneidet ein Pfund von Schweinepflaumen in Würfel, und rührt es mit Semmel für zwei mgr., die mit gehackter Zwiebel in Milch zum Brei gekocht wurde, mit sechs ganzen Eiern und mit dem Gelben von acht Eiern, mit Koriander, Muskatblumen, Salz, Thymian und gehackter Zitronenschale gut durcheinander. Darauf füllt man dieses in längliches Gedärme halbvoll, bindet es kurz ab und lässt die Würste in halb Wasser, halb Milch eine halbe Stunde langsam kochen. Sie werden dann herausgenommen und hernach vor dem Gebrauch in brauner Butter braun gebraten.

12. Krebswürste zu machen. Man kocht hundert Stück Krebse in Wasser und Salz, nimmt die Schalen ab und hackt die Schwänze. Die Schalen werden mit Butter gestoßen, die Butter wird abgenommen und hernach mit sechs Eierdottern und zwei ganzen Eiern zum Schaum gerührt. Noch werden alsdann sechs ganze Eier zum Rührei gerührt und feingehackt. Dies alles wird mit geriebener Semmel, mit Zitronenschalen, Gewürzen und Salz durcheinander gerührt, durch die Spritze in kleine Därme getrieben und in kleinen Würsten abgebunden. Sie werden hernach in brauner Butter gargebraten.

13. Würste von Blumenkohl. Der Blumenkohl wird erstlich abgekocht und mit acht gerührten Eiern gehackt, dies wird hernach mit Semmel, die in Milch geweicht wurde, mit vier ganzen Eiern und Gewürzen durcheinander gerührt, in Därme gebracht, in Milch gargekocht und mit brauner Butter zur Tafel gegeben.

14. Würste von Karpfen oder Hechten. Wenn die Fische abgeschuppt worden sind; so ziehet man die Häute davon ab, grätet das Fleisch aus und hackt es klein. Darauf nimmt man acht gerührte Eier und vier ganze Eier, geriebene Semmel, Gewürze, Zitronenschalen, Salz und Butter, arbeitet alles mit dem Frischfleische gut durcheinander und füllt die Häute damit, wie Würste. Diese setzt man in Butter a la Braise, macht eine Coulis von den Fischgräten und richtet diese mit Zitronensaft darüber an.

15. Würste von gelben Wurzeln. Die Wurzeln werden inwendig ausgehöhlt, andere Wurzeln gargekocht, gehackt, mit Butter, geriebener Zitronenschale, Gewürzen, drei ganzen Eiern, Korinthen und Salz wohl durchgerührt, in die ausgehöhlten Wurzeln gefüllt und a la Braise gargekocht. Sie werden mit einer Sauce blanche zur Tafel gegeben.

16. Englische Würste. Man nehme für zwei mgr. Semmel in Milch geweicht, ein Pfund Mandeln feingestoßen, ein Pfund Zucker, Zitronenschalen, Canehl, Muskatblumen, ein halb Pfund Schweinepflaumen in Würfel geschnitten und zwölf Eier, menge dieses alles gut durch, fülle es wir die Andouillen in Darm und koche es in halb Milch, halb Wasser gar. Hernach werden sie in brauner Butter gebraten und zur Tafel gegeben.

17. Würste von Kapaunen. Man nimmt von zwei gebratenen Kapaunen die Brüste und hackt sie ganz fein. Darauf weicht man für zwei mgr. Semmel in Milch und drückt sie wieder aus, dieses arbeitet man mit einem halben Pfunde Schweinepflaumen in Würfel geschnitten, mit sechs Eiern, Gewürzen, Salz und Zitronenschalen durch, füllt es in Därme und lässt es im Papier garbraten. Sie müssen warm zur Tafel gegeben werden.

18. Zitronenwürste zu machen. Etwas Mett, wovon die Sommerwürste gemacht werden, und etwas Nierentalg wird erst feingehackt. Darauf reibt man einen guten Teil Semmel ganz fein, kocht Milch auf, gießt sie über die Semmel und macht davon einen Teig. Dazu tut man Muskatnuss, abgeriebene Zitronenschale, Salz, den Saft aus einer oder zwei Zitronen und das Fleisch und Fett, rührt es wohl durch und bringt es durch die Spritze in feinen Darm. Die Würste werden eines guten Fingers lang gebunden, aber nur halbvoll gefüllt. Sie werden hernach in gelbbrauner Butter auf Kohlfeuer langsam gargebraten. Man braucht sie frisch. Sie können aber auch in Wein einige Tage verwahrt werden. Will man sie aus dem Weine braten; so werden sie vorher mit einem Tuche abgetrocknet.

Anhang

1. Über die Besetzung der Tafel. Die Besetzung der Tafeln oder die Ordnung, in welcher mehrere Schüsseln zugleich auf die Tafel gesetzt werden, gehört an sich zwar nicht zu der Kunst, zu kochen. Weil sie aber doch gewöhnlich vom Koche muss besorgt werden und weil damit manchem ein Dienst geschehen möchte; so wollen wir zwar nur wenig darüber angeben, aber doch so viel, dass sich jeder daraus leicht helfen könne.

Will man überhaupt eine Tafel so besetzen, dass jedes gegen das andere akkordiere; so muss man immer Fleisch gegen Fleisch, Fisch gegen Fisch, Mehlspeise gegen Mehlspeise, Ragout gegen Ragout usw. über das Kreuz setzen. Das ist es alles, was als Regel braucht angegeben zu werden. Das Übrige lässt sich aus Beispielen deutlicher einsehen als aus vielen Beschreibungen. Und dazu geben wir folgende Küchenzettel, oder besser, Tafelzettel. Sie sind verschiedener Art, größere und kleinere. Nach diesen können noch größere und verschiedenere Tafeln eingerichtet werden, nach der Zeit des Jahres und nach den Speisarten, die jeder haben kann.

2. Was man zum Dejeune gebrauchen kann. Man kann dazu alle Sorten von kalten Braten aufsetzen, von zahmen und von wilden Tieren. Von Federvieh braucht man gerne Puter, Kapaunen, Fasanen, Feldhühner und zahme junge Hühner a la Daube, so wie es die Jahreszeit gibt. Ferner kann man dazu auch gekochten Schinken, geräuchert Rindfleisch, geräucherte Zungen und kalte Pasteten von aller Art gebrauchen. Ebenso braucht man auch alle Arten von Bäckerei, Konfitüren und kleinem Biskuit dazu. Dazu gibt man Butter, alle Arten von Liquors, alle Sorten von feinen süßen Weinen, auch Rheinwein, Brot, Kuchen, Krengel, Zwieback, alle Arten von Obst, wenn es zu haben ist, und noch alles, was man sonst zum Dessert gibt.

3. Von der gewöhnlichen Ordnung, in welcher die Speisen herumgegeben werden. Es ist schwer über die Ordnung, in welcher Speisen vorgelegt werden, etwas feste zu setzen, weil sie sehr oft von der Mode oder der Sitte der Zeit und des Orts abhängt, und daher veränderlich ist. Das Wenige also, was hier davon angegeben werden soll, ist denen nicht gesagt, die der Sache bis zu ihren kleinsten Abweichungen kundig sind; sondern es steht allein für die, die bei seltnern Tractements wohl darüber verlegen sein könnten. Und dazu wird das Allgemeinste hinreichend sein.

ERSTER GANG

Nach der Suppe folgen die kleinen Pasteten von feinem Ragout, dann Gemüse und was dazu soll gegeben werden, als Koteletts, Schinken, Würste, geräuchert Fleisch und was sonst auf Assietten zum Gemüse ist aufgetragen worden. Darauf folgt das Rindfleisch, die Kapaunen, die Enten, Tauben, Bonnets und Poupetons, dass Mehlspeisen und zuletzt die Pasteten.

ZWEITER GANG

Hier werden erst die Fische herumgegeben, dann alle Sorten kleiner Ragouts, dann Braten mit den Kompotts und Salat, dann die Cremes, Gelees, alles von a la Daube und zuletzt die Bäckereien. Eis kommt beim Dessert, mit Butter, Käse und mit allerlei Früchten, die die Jahreszeit gibt.

Ende des zweiten Bandes

Register

195

Hulda Behnke
Hamburger Küche: Geprüft und bewährt
Ein Kochbuch mit über 1000 Originalrezepten traditioneller Kochkunst aus Hamburg

SEVERUS Verlag Hamburg 2019
428 Seiten, 15,5 x 23,0 cm

20,00 € (PB)
ISBN: 978-3-96345-082-2

Hamburger Aalsuppe, Rundstück warm und der gute Braune Kuchen – traditionelle Hamburger Küche ist vielseitig, gesund und einfach lecker.

Hulda Behnke stellt in diesem Kochbuch von 1923 über 1000 klassische Rezepte aus dem alten Hamburg zusammen. Dabei finden sich warme und kalte Vorspeisen, Suppen, Soßen, Fisch und Braten, Gemüse, Geflügel, Salate, Kompotte, Marmeladen, Desserts, Getränke, Gebäck, und vieles mehr. Wer Hamburger Gerichte aus Großmutters Zeiten wiederentdecken und erfahren will, was sich hinter Behnkes „Teufelstunke" und ihrem „Rührei auf andere Art" verbirgt, dem sei dieses Werk wärmstens empfohlen.

Ein kulinarisches Fest für Hamburg-Neuentdecker wie Ur-Hamburger, Kochanfänger wie Hobbyköche, zum Stöbern und natürlich zum gleich Nachkochen!

Carl Wilhelm Sametzky
Berliner Kochbuch
Kulinarisches aus dem 19. Jahrhundert

SEVERUS Verlag Hamburg 2018
248 Seiten, 15,5x 23,0 cm

24,00 € (HC)
ISBN: 978-3-95801-708-5

16,00 € (PB)
ISBN: 978-3-95801-709-2

Sametzky hat das kulinarische Portrait Berlins im 19. Jahrhundert fest-
gehalten – eine Stadt im Wandel, international.

Gängige Leibgerichte werden mit ausgefalleneren Kreationen aus
Frankreich, Italien oder Portugal kombiniert. Für Anfänger und
Fortgeschrittene geeignet, von leichten Speisen bis zu aufwendigen
Fleischgerichten, von süß bis herzhaft ist für jeden Gaumen etwas
dabei – inspirieren lassen, nachkochen und genießen!

Josef Stolz
Rheinisches Kochbuch
Gewöhnliche und feine Küche des
19. Jahrhunderts

SEVERUS Verlag Hamburg 2019
284 Seiten, 14,8 x 21,0 cm

19,00 € (HC)
ISBN: 978-3-95801-710-8

16,00 € (PB)
ISBN: 978-3-95801-711-5

Anfang des 19. Jahrhunderts trug Josef Stolz diese typisch rheinischen Rezepte zusammen und veröffentlichte ein Kochbuch, das von simplen Basisgerichten bis zum opulenten Hauptgericht alles enthält, was man sich erträumen kann. Ob Kastaniensuppe, Reisauflauf oder Kalbstopf auf Schildkröten-Art: Diese Rezeptsammlung bietet traditionelle Kochkunst vom Feinsten, die nicht nur Großmutters Herz höher schlagen lässt.

Josef Stolz (1777–1842) zählte zu den Hofköchen der badischen Großherzöge und legte Wert auf den internationalen Flair, der seine Rezepte durch Besuche in Italien und Frankreich prägt.

Louise Seleskowitz
Wiener Kochbuch
Österreichische Rezepte aus dem 19. Jahrhundert

SEVERUS Verlag Hamburg 2019
700 Seiten, 15,5 x 23,0 cm

29,00 € (HC)
ISBN: 978-3-95801-394-0

22,00 € (PB)
ISBN: 978-3-95801-395-7

Eine genussvolle Ess- und Trinkkultur gehört traditionell zu Wien wie seine Musikgeschichte oder seine Theater: Dieser Kochklassiker aus dem Jahr 1879 hält eine Vielzahl traditioneller Wiener Rezepte bereit. Von gefüllten Kapaunen bis zur Schildkrötensuppe lässt die Sammlung nichts aus, was den Gaumen erfreut und das Wiener Herz höher schlagen lässt. Strudel, Golatschen und Palatschinken finden sich hier neben dem Wiener Schnitzel und dem Tafelspitz. Wer wirklich originale Gerichte aus alten Zeiten nachkochen möchte, liegt mit dieser Rezeptsammlung genau richtig.

Die Wiener Kauffrau Louise Seleskowitz machte sich mit einem Kochlehrinstitut selbständig und führte eine eigene Delikatess- und Weinhandlung in Wien. Ihr Kochbuch verkaufte sich nach Erstveröffentlichung so erfolgreich, dass es mit renommierten Auszeichnungen bedacht wurde.